TRANSFER
Die Lateinlektüre

Heft 9

Tierisch gut

Phädrus,
Fabeln

bearbeitet von
Christian Zitzl

C.C.BUCHNERS VERLAG · BAMBERG

TRANSFER

Die Lateinlektüre

Herausgegeben von
Clement Utz

Heft 9: **Tierisch gut**
enthält Texte aus den *Fabulae Aesopiae* des Phädrus
und wurde bearbeitet von
Christian Zitzl, Freyung.

1. Auflage 1 ^{5432} 2016 15 14 13
Die letzte Zahl bedeutet das Jahr dieses Druckes.

Alle Drucke dieser Auflage sind, weil untereinander unverändert, nebeneinander benutzbar.

Dieses Werk folgt der reformierten Rechtschreibung und Zeichensetzung. Ausnahmen bilden Texte, bei denen künstlerische, philologische oder lizenzrechtliche Gründe einer Änderung entgegenstehen.

www.ccbuchner.de

Layout und Satz: i.motion gmbh, Bamberg
Druck und Bindung: creo Druck & Medienservice GmbH, Bamberg

ISBN 978-3-7661-**5169**-8

Vorwort

Liebe Schülerinnen und Schüler,

könnt ihr euch noch daran erinnern, was euer erstes Buch war?
Es war wohl ein Bilderbuch, und die Hauptdarsteller in diesem Bilderbuch waren höchstwahrscheinlich Tiere; denn Tiere scheinen geeignet zu sein, wenn es darum geht, Menschen an das Leben heranzuführen. Es sollte euch also nicht wundern, wenn euch nun, da ihr an der Schwelle zum Erwachsensein steht, erneut Tiere den Weg hinein in einen neuen Lebensabschnitt weisen wollen.

Die Hefte der Lektürereihe TRANSFER stellen die Beschäftigung mit lateinischen Texten in den Vordergrund, die ihr – ganz im Sinne des lateinischen Verbums *trans-ferre* – natürlich „übersetzen" und verstehen, aber auch aus der Distanz betrachten und in wichtigen Fragestellungen auf heute, auf eure Situation „übertragen" sollt. Dazu haben wir in diesem Heft ausgewählte Fabeln des Phädrus zusammengestellt, die euch der Autor selbst im Rahmen eines Theaterspiels vorführen wird.

Um euch die Lektüre zu erleichtern und einen raschen Zugang zum Inhalt der Texte und zur Aussageabsicht des Phädrus zu ermöglichen, haben wir dieses Heft in überschaubare Einheiten (meist Doppelseiten) gegliedert, die neben den lateinischen Textabschnitten auch deutsche Hinführungen und Überleitungen sowie sprachliche Erläuterungen und weiterführende Aufgaben zur Texterschließung (T) enthalten. Jede Einheit bietet darüber hinaus die Möglichkeit, den Blick durch weiterführende Informationen zur gerade vorgestellten Fabel bzw. zur Fabel allgemein (F) zu weiten.
Die Kenntnis der lateinischen Grammatik wird in ihren Grundzügen vorausgesetzt; wo es sich jedoch anbietet, werden wichtige Bereiche der Formenlehre und der Syntax durch Aufgaben und Übungen wiederholt, die mit einem S (für Spracharbeit) gekennzeichnet sind. Wenn ein Stern (*) dazugefügt ist, empfiehlt sich die Behandlung der Aufgabe vor der Texterschließung, damit bestimmte Spracherscheinungen vorab geklärt werden können. Darüber hinaus empfiehlt es sich, für das Latein des Phädrus typische Sprachmuster auf S. VI zu wiederholen. Da es sich bei Phädrus um einen Dichter handelt, ist vor der Lektüre im Zusammenhang mit Kapitel 2 auch ein Blick auf wesentliche Elemente der Dichtersprache auf S. III/IV angeraten. Bei den einzelnen Fabeln wird darauf mit P (Poesie) verwiesen.

Ebenfalls vorausgesetzt wird das in den statistischen Untersuchungen zum „Bamberger Wortschatz" ermittelte Basisvokabular von ca. 1250 Wörtern, das die Wortkunde „adeo-NORM" enthält. Wörter, die darin nicht enthalten sind, aber für die Lektüre von Phädrus bzw. anderen Schulautoren wichtig sind, sind im Anhang in einem Lernwortschatz zu jeder Fabel angegeben. Dieser enthält stets auch die Vokabeln, die bereits zu den vorangegangenen Fabeln zu lernen waren, um bei der Lektüre einzelne Einheiten ohne Wortschatzdefizite einfach überblättern zu können. Alle anderen Wörter und Wendungen sind neben dem lateinischen Text mit ihren grammatischen Eigenschaften und den deutschen Bedeutungen angeführt.

Autor und Herausgeber

Die Kulisse: Augustus – Tiberius – Caligula – Claudius

Meine sehr verehrten Damen, meine nicht minder geehrten Herren,
ich freue mich sehr, dass ihr mir eure kostbare Zeit und Aufmerksamkeit schenkt. Einst stellte ich den Römern gleichsam wie in einem virtuellen Theater „Fabeln" vor Augen. Damit auch ihr diese richtig verstehen könnt, möchte ich euch zunächst von den vier römischen Kaisern erzählen, die zu meinen Lebzeiten herrschten; sie bildeten gewissermaßen die Kulisse meiner Fabeln.

Augustus (27 v. Chr. bis 14 n. Chr.)

Augustus, der Großneffe und Haupterbe von C. Julius Cäsar, errang in den Machtkämpfen nach dessen Ermordung im Jahr 44 v. Chr. die Alleinherrschaft, als er im Jahr 31 v. Chr. seinen letzten Konkurrenten Marcus Antonius zusammen mit Kleopatra in der Schlacht von Aktium bezwang. Damit setzte er dem Jahrhundert der Römischen Bürgerkriege ein Ende und erneuerte dem Namen nach die *libera res publica*. In Wirklichkeit aber beendete er als *princeps* die freie Republik und legte den Grundstein für das Kaisertum (*principatus*).
Obwohl das Programm des Augustus in seinen politischen, sozialen und moralischen Aspekten genial erdacht und dargeboten worden war, traf er bei einer beträchtlichen Anzahl des republikanischen Adels auf dauernde Ablehnung. Aus Angst vor Umsturzversuchen aus diesen Kreisen umgab er sich nicht nur mit einer persönlichen Schutztruppe, der Prätorianergarde, sondern baute bei der Verwaltung des Staates auf Angehörige des Ritterstandes, aber auch auf ehemalige Sklaven, die sogenannten Freigelassenen.

Tiberius (14–36 n. Chr.)

Tiberius, der Schwiegersohn des Augustus, war ein tüchtiger Verwalter des Reiches und vermied größere Kriege zu dessen weiteren Ausdehnung. 27 n. Chr. zog er sich nach Capri in seine prunkvolle Villa zurück. Die Regierungsgeschäfte und Kontrolle über Rom überließ er für die Zeit seiner Abwesenheit seinem Freund und Gardepräfekten Seianus. Als dieser immer mehr Macht an sich zog und schließlich einen Umsturzversuch plante, ließ Tiberius ihn 31 n. Chr. hinrichten. Unter Tiberius wurde in Rom erstmals eine größere Geheimpolizei organisiert. Die unter Augustus noch seltenen Anklagen wegen Hochverrats (*laesa maiestas*) nahmen deutlich zu. Da der Straftatbestand der Majestätsbeleidigung nicht klar umrissen war, konnte er willkürlich auf alles, was zwischen offenkundiger Verschwörung und unbestimmten Anzeichen einer möglichen Feindseligkeit gegen den Kaiser oder seine Familie lag, angewandt werden. Nicht selten stand am Ende eines solchen Prozesses die Todesstrafe.

T 1 Lies die Texte und vergleiche die Kaiser Augustus, Tiberius, Caligula und Claudius miteinander.
a) Welche Gemeinsamkeiten und Unterschiede erkennst du?
b) Beschreibe die jeweilige Situation der Oberschicht unter der Regierung dieser Kaiser.

Caligula wurde nach nur vier Regierungsjahren Opfer einer Verschwörung. Hauptgrund dieser Verschwörung war seine ausufernde Anwendung von Gewalt. Denn getreu dem Motto *oderint, dum metuant* (mögen sie mich hassen, wenn sie mich nur fürchten) ließ Caligula die Hochverratsprozesse, die nach dem Tod des Tiberius vorübergehend ausgesetzt worden waren, etwa gegen Mitte seiner Regierungszeit in großem Umfang wieder aufnehmen, wobei es sich bei den Opfern in der Regel um Angehörige der Oberschicht, teilweise auch um Soldaten oder Bühnendarsteller handelte, die er wie Sklaven aburteilen ließ.

Caligula (37-41 n. Chr.)

Das einprägsamste Beispiel für seine Verhöhnung des Senatorenstandes dürfte in der – wenn auch nicht historisch gesicherten – Absichtserklärung bestehen, sein Lieblingspferd Incitatus zum Konsul zu ernennen.

Claudius war in den Wirren nach Caligulas Ermordung eher zufällig Kaiser geworden. Vielleicht ließ er deshalb jeden, der ihm begegnete, zuvor peinlichst genau auf Waffen durchsuchen. Obwohl er zu Beginn seiner Herrschaft versprochen hatte, die Hochverratsprozesse seines Vorgängers abzuschaffen, zogen seine Racheakte für fehlgeschlagene Attentatsversuche bald blutige Kreise. Vor allem Senatoren und andere Adlige, die verdächtigt wurden, einen Umsturz unterstützt zu haben, wurden hingerichtet. Sie fielen nicht selten den Intrigen von Claudius' Frauen oder seinen Freigelassenen Narcissus und Pallas, die er mit so wichtigen Posten wie dem des Kanzleiverwalters oder des Finanzministers betraute, zum Opfer.

Die letzte seiner vier Frauen, seine Nichte Agrippina, erwies sich auch für Claudius selbst als verhängnisvoll, da sie – um ihren Sohn Nero zum Kaiser zu machen – ihren Ehemann und Onkel Claudius mit einem Pilzgericht vergiftete.

Claudius (41-54 n. Chr.)

T 2 Welche Rolle spielten die kaiserlichen „Berater“?

T 3 Warum konnte in der ersten Hälfte des 1. Jh. n. Chr. auch schriftstellerische Tätigkeit durchaus nicht ungefährlich sein? Wie konnte ein Schriftsteller eine mögliche Gefährdung vermeiden?

Prolog des Phädrus

Liebes Publikum,
ihr fragt nun vielleicht, wer hier vor euch hingetreten ist. Mein Name lautet Phädrus. Damit ihr wisst, wer ich war und was ich mit meinen Fabeln aussagen wollte, möchte ich euch guter Theatertradition folgend vorweg ein paar Worte sagen.

Da es kein Bild von Phädrus gibt, hier stellvertretend ein Bild des griechischen Komödiendichters Menander aus Pompeji, das ungefähr zur Lebenszeit des Phädrus entstanden sein dürfte.

Phaedri Augusti liberti liber fabularum

Des Phädrus, eines Freigelassenen des Augustus, Fabelbuch

Prologus

Vorrede

Aesọpus ạuctor quạm matẹriam rẹpperịt,
hanc ẹgo polịvi vẹrsibụs senạriịs.

Den Stoff, den Äsop als Erster gefunden hat, diesen Stoff habe ich in Versen – jambischen Senaren – aufpoliert.

3 Duplẹx libẹlli dọs est: quọd risụm movẹt
et quọd prudẹntis vịtam cọnsiliọ movẹt.

Doppelt ist die Gabe meines Büchleins: dass es ein Lachen hervorruft und dass es durch den Rat eines Weisen das Leben verändert.

Calụmniạri sị quis ạutem vọlueriṭ,
6 quod ạrborẹs loquạntur, nọn tantụm ferạe,
fictịs iocạri nọs memịnerit fạbulịs.

Wenn aber einer daran herumnörgeln will, dass auch Bäume sprechen, nicht nur Tiere, mag er sich daran erinnern, dass ich mit erfundenen Fabeln bloß meine Späße treibe.

Liebe Freunde,
ihr schaut so fragend?
Nun gut, hier noch ein paar weitere Informationen über mich und mein Werk.

Ich komme aus Thrakien, dem heutigen Mazedonien, und werde in der schriftlichen Überlieferung als Freigelassener des Augustus bezeichnet. Unter dessen Nachfolger Tiberius begann ich Fabeln zu schreiben, was ich unter Caligula und Claudius fortsetzte. Allerdings hatte ich nicht immer Glück dabei, denn mit einer meiner Fabeln habe ich Sejan, den mächtigen Stellvertreter des Tiberius, erzürnt, was mir viele Nachteile einbrachte. Aber bei allem Pech hatte ich doch auch Glück und konnte nach dem Sturz Sejans wieder ungehindert meiner Berufung nachgehen. Insgesamt habe ich fünf Bücher mit kleinen Fabeln gefüllt. Aus den noch recht kunstlosen Geschichten, die einst von Sklaven erfunden worden waren, um durch die Maske der Tiere all das zu sagen, was sie frei nicht zu sagen wagten, habe ich durchaus anspruchsvolle Unterhaltungsliteratur geformt. Den Pfad meines Vorbilds, des Sklaven Äsop, habe ich so zu einem breiten Weg gemacht.

S 1 Betrachte die Verse des Prologs. Erkläre unter Einbezug der deutschen Übersetzung, worin sich die Wortfolge von derjenigen eines Prosatextes unterscheidet.
Worauf musst du bei der Übersetzung also vor allem achten?

S 2 In V. 2 des Prologs spricht Phädrus davon, dass er in jambischen Senaren dichten wolle. Welche Folgen die Wahl dieses Versmaßes auf die äußere Form seiner Gedichte hatte, findest du auf S. III und IV. Präge dir die dort gegebenen Hinweise zur Formen- und Satzlehre und die Übersetzungstipps genau ein, bevor du mit der Lektüre beginnst.

T 1 Suche in einem Lexikon oder im Internet nähere Informationen zu Äsop. Bestimme aus dem Prolog und obigem Text das literarische Verhältnis zwischen Phädrus und Äsop.

T 2 Zeige anhand des Prologs und des obigen Textes auf,
a) warum die literarische Gattung Fabel entstanden ist,
b) welche Absichten Phädrus mit seinen Fabeln verfolgte,
c) welche Kritik an den Fabeln des Phädrus geäußert wurde und wie Phädrus diese Kritik zu entkräften versuchte.

T 3 Im obigen Text spricht Phädrus davon, dass er Sejan erzürnt habe.
a) Überlege, was in der Fabel gestanden haben könnte, die den Unwillen des Sejan erregte.
b) Worin könnten die Nachteile für Phädrus bestanden haben?

Nun aber genug der Vorrede.
Bühne frei für meinen ersten Akteur.
Und wer könnte das in einem römischen Fabelbuch anderes sein als der Wolf!

1 Wolf und Lamm

Kapitolinische Wölfin

Ad riv*um* eundem lupus et agnus venerant
siti compulsi; superior stabat lupus
longeque inferior agnus. Tunc fauc*e* improbā
latr*o* incitatus iurgii caus*am* intulit.
„Cur", inquit „turbulentam fecisti mihi
aquam bibenti?" Laniger contra timens:
„Qui possum, quaeso, facere, quod quereris, lupe?
A te decurrit ad meos haustus liquor."
Repulsus ille veritatis viribus:
„Ant*e* *h*os sex menses mal*e*", ait, „dixisti mihi."
Respondit agnus: „Equidem natus non eram."
„Pater hercle tuus", ill*e* inquit, „maledixit mihi."
Atqu*e* ita correptum lacerat iniustā nece.

compulsī ~ *mōtī*
īnferior, *ōris* weiter unten (gelegen); schwächer – **causam iurgiī īnferre** einen Vorwand zum Streit suchen – **turbulentus** h. trüb – **lāniger** Lamm (Wollträger)

dē-currere – **haustus**, *ūs* h. Trinkstelle

maledīcere (m. Dat.) lästern über

hercle ↗ P4
Ergänze: *correptum* (*agnum*) – **iniūstus** ungerecht

S 1* Erschließe anhand der Bedeutungen von *īnferior* (V. 3) die Bedeutungen von *superior* (V. 2). Was beabsichtigt Phädrus mit diesen doppeldeutigen Wörtern?

S 2 Informiere dich auf S. V über das Stilmittel der Alliteration. Suche danach im Übersetzungstext alle Alliterationen und erkläre, warum Phädrus dieses Stilmittel an den jeweiligen Stellen verwendet.

S 3* Schreibe aus dem Text alle Partizipien heraus und bestimme sie hinsichtlich ihrer Form und Funktion. Betrachte den Kontext und finde mithilfe der folgenden Tabelle und der Erläuterungen zu den Partizipien (↗ S. VI, 1a) jeweils eine treffende Übersetzung.

Übersetzungsmöglichkeiten für das Partizip als Participium coniunctum

Agnus timore motus respondit.

als Attribut: wörtlich/mit Relativsatz	als Adverbiale: mit Adverbialsatz/mit Präpositionalausdruck
Das von Angst bewegte Lamm antwortete. / Das Lamm, das von Angst bewegt worden war, antwortete.	Das Lamm antwortete, weil es von Angst bewegt worden war. / Das Lamm antwortete aus Angst.

T 1 Gliedere den Übersetzungstext in Sinnabschnitte.

T 2 Charakterisiere anhand der Adjektive, Substantive und direkten Reden Wolf und Lamm.

T 3 Betrachte das Bild der sog. Kapitolinischen Wölfin und erzähle den Ausschnitt der Gründungssage Roms nach, in dem sie eine entscheidende Rolle spielte. Vergleiche dann den Charakter des Wolfes im Übersetzungstext

a) mit dem Charakter der Wölfin in der Gründungssage Roms.
b) mit dem Charakter des Wolfes in bekannten Märchen (Rotkäppchen; Sieben Geißlein).

T 4 Deute mithilfe der Informationen auf S. 4-5 diese Fabel zeitgeschichtlich.

F Einmal fragte der hungrige Wolf das Schaf, was es eigentlich auszusetzen habe an dieser Welt. – „Darf man offen sein?", fragte zaghaft das Schaf. – „Natürlich!", sagte der Wolf. – „Es ist mir", sagte das Schaf mit pochendem Herzen, „es ist mir hienieden alles ein bisschen zu wölfisch." – „Kritik in Ehren!", antwortete zähnefletschend der Wolf. „Aber wenn du über ein harmloses Bisschen schon jammerst, wie willst du dann einen richtigen Biss überstehen."

(M. Werner, schweiz. Schriftsteller, geb. 1944; aus: *Zündels Abgang*, München ^{17}2006, 25)

Zeige Gemeinsamkeiten und Unterschiede zwischen der Fabel des Phädrus und der Fabel von Markus Werner auf.

2 Wolf und Kranich

A

Qui pretium meri*ti* ab improbis desiderat,
bis peccat: primum quoni*am* indignos adiuvat;
impun*e* abire deinde quia non iam potest.

Os devoratum fauce *cum* haereret lupi,
magno dolore victus coepit singulos
illicere preti*o*, ut illud extraherent malum.
Tandem persuasa *est* iureiurando gruis
gulaeque credens colli longitudinem
periculosam fecit medicinam lupo.
Pro quo cum pactum flagitaret praemium,
„Ingrata *es*," inquit „ore qu*ae* e nostro caput
incolum*e* abstuleris et mercedem postules."

improbus ↗ VI (7.) – **dēsīderāre** h. fordern
indīgnus ↗ VI (7.)
Stelle um: *deinde quia impūne abīre*

dēvorāre verschlingen
fauce ↗ P7
illicere anlocken – **ex-trahere**
gula Kehle; Schlund
V. 6-9: Nütze die Illustration als Übersetzungshilfe – **perīculōsam** ~ *quae sibi pēriculōsa erat* – **pactus** verabredet, versprochen – **flāgitāre** dringend fordern – **ingrātus** undankbar – **quae** h. weil

S 1*
Liste in einer Tabelle in Spalte 1 alle Gliedsätze auf, die du im Text findest. Gib in Spalte 2 jeweils an, welche Satzgliedfunktion der jeweilige Gliedsatz erfüllt.

S 2
Informiere dich auf S. V über das Stilmittel des Hyperbaton. Suche danach im Text alle Hyperbata und erkläre, warum Phädrus dieses Stilmittel an den jeweiligen Stellen verwendet.

T 1
Der Text bietet die Fabel von Wolf und Kranich in sehr geraffter Form.
a) Schreibe ausgehend vom Text eine ausführliche Fassung derselben Fabel.
b) Versuche zu erklären, was Phädrus zu dieser knappen Schilderung bewogen habe könnte.

T 2
Vergleiche das Verhalten des Wolfes vor und nach seiner „Operation". Welcher allgemein menschliche Zug lässt sich erkennen?

F
Und die Moral von der Geschicht ...
Fabeln wollen nicht nur unterhalten, sondern auch belehren. Die Erzählung bzw. der narrative Kern der Fabel dient als Beispiel für eine Lebensweisheit. Diese kann am Anfang der Fabel (Promythion) oder am Ende (Epimythion) der Fabel stehen, aber auch in der Rede eines Mitspielers enthalten sein.

Wen könnte Phädrus zu seiner Zeit mit den im Promythion genannten *improbi / indigni* bzw. deren Helfern gemeint haben?

Quicumque turpi fraude semel innotuit,
etiam si verum dicit, amittit fidem.
Hoc attestatur brevis Aesopi fabula.

Lupus arguebat vulpem furti crimine.
Negabat illa *se* esse culpae proximam.
Tunc iudex inter illos sedit simius.
Uterque causam cum perorassent suam,
dixisse fertur simius sententiam:
„Tu non videris perdidisse, quod petis.
Te credo surripuisse, quod pulchre negas."

innōtēscere (*-nōtuī*) bekannt werden

attestārī bezeugen – **Aesōpus** Äsop ↗ S. 7

arguere h. beschuldigen

culpae proximus schuldig

sīmius Affe

perōrāre causam die Verteidigungsrede beenden – **perōrāssent** ↗ P1 – **sententiam dīcere** das Urteil verkünden – **surripere** (*-rīpuī*) heimlich wegnehmen, stehlen

S 1*
Erkläre den Plural *perorassent* (V. 7). Wie ist das Adverb *pulchre* (V. 10) gemeint?

S 2*
Suche im Übersetzungstext alle AcI- und NcI-Konstruktionen. Gib jeweils das übergeordnete Prädikat an und bestimme das Zeitverhältnis.

S 3*
Welche Satzglieder ersetzen die von *quicumque* (V. 1) bzw. *quod* (V. 9 und V. 10) eingeleiteten Relativsätze?

T 1
Finde ein deutsches Sprichwort, das der Aussage des Promythions entspricht.

T 2
Phädrus rühmt sich selbst seiner *brevitas* (Kürze). Erkläre, wie er in V. 4-10 diesem Stilideal gerecht wird.

T 3
Lies nochmals S. 4-5 und erörtere, ob Phädrus mit dieser Fabel die Gerichtspraxis zu seiner Zeit kritisiert haben könnte.

4 Wolf und Hund

Promythion (hier weggelassen)

Cani perpasto macie confectus lupus
forte occucurrit. Dein, salutat*i* invicem
ut restiterunt: „Unde sic, quaeso, nites?
Aut quo cibo fecisti tantum corporis?
Ego, qui sum longe fortior, pereo fame."
Canis simpliciter: „Eadem *est* condicio tibi,
praestare domino si par officium potes."
„Quod?" inquit ille. „Custos ut sis liminis,
a furibus tuearis et noctu domum."
„Ego vero sum paratus: Nunc patior nives
imbresqu*e* in silvis asperam vitam trahens.
Quanto *est* facilius mihi sub tecto vivere
et otiosum largo satiari cibo."
„Ven*i* ergo mecum!" Dum procedunt, aspicit
lupus a catena collum detritum cani.
„Unde hoc, amice?" „Nihil est." „Dic sodes tamen."
„Quia videor acer, alligant me interdiu,
luc*e* ut quiesc*am* et vigilem, nox cum venerit:
Crepusculo solutus, qua visum *est*, vagor.
Affertur ultro panis; de mensā suā
dat ossa dominus, frusta iactat familia.
Sic sine labore venter impletur meus."
„Age: Si quo abire *est* animus, est licentia?"
„Non plane *est*" inquit. „Fruere, quae laudas, canis!
Regnare nolo, liber ut non sim mihi."

perpāstus wohlgenährt – **maciē cōnfectus** abgemagert – **dein** ↗ P5 – **invicem** (Adv.) einander – **ut** ↗ P6 – **nitēre** fett sein

tantum corporis facere so viel an Körper machen ~ soviel zunehmen – **longē** (m. Komp.) weitaus – **simpliciter** (Adv.) einfach, schlicht

quod <*officium*>? – **līmen**, *inis* Türschwelle – Stelle um: *et* <*ut*> *ā fūribus* ... – **noctū** (Adv.) nachts

vītam trahēns ~ *vītam agēns*

quantō (m. Komp.) um wie viel

largus reichlich

catēna Kette – **dētrītum** abgerieben – **canī** ~ *canis* – **Unde hoc** <*est*>? – **sōdēs** doch – **alligāre** anbinden – **interdiū** (Adv.) bei Tag – **lūce** am Tag

crepusculō in der Abenddämmerung – **quā vīsum est** wie es mir beliebt

frusta Fleischstückchen

age ferner – **quō** irgendwohin – **animus** h. Lust; Wunsch – <*tibi*> **est animus** – **nōn plānē** überhaupt nicht – **fruere** <*rebus*>, **quae** – **ut nōn** (m. Konj.) h. wenn nicht

S 1* Stelle alle Ablative des Textes zusammen und bestimme jeweils ihre Bedeutung.

S 2* Unterscheide die Formen *fortior* (V. 6) und *patior* (V. 11). Suche im Text alle weiteren Formen, bei denen diese grammatischen Phänomene erscheinen.

S 3* Finde mithilfe von V. 17 eine treffende Übersetzung für *solutus* (V. 19).

S 4 Informiere dich auf S. V über die Stilmittel Parallelismus und Chiasmus. Zeige dann auf, dass in V. 21 beide Stilmittel vorliegen.

Wachhund, darunter die Aufschrift „Cave canem – Hüte dich vor dem Hund!" Römisches Mosaik, Pompeji, 1. Jh. n. Chr.

T 1 Betrachte das Mosaik und erkläre, warum es nicht nur für die Besucher eines Hauses, sondern auch für den Wolf der Fabel eine Warnung darstellt.

T 2 Im Original beginnt die Fabel des Phädrus mit einem Promythion, das hier aber weggelassen wurde. Finde mithilfe von V. 25 ein passendes Promythion für die Fabel.

T 3 Gliedere den Übersetzungstext mithilfe der Reden von Wolf und Hund in sinnvolle Abschnitte. Ermittle so den Wendepunkt der Fabel.

T 4 Vergleiche die Redeweise des Hundes mit der des Wolfes und erläutere, warum die Redeweise zum Charakter der beiden Tiere passt.

F

Die Fabel von der Stadt- und Landmaus

Eine Landmaus hatte ihre Freundin, eine Stadtmaus, zu sich eingeladen. Voller Freude über den Besuch in ihrer bescheidenen Hütte plünderte sie ihre Speisekammer und holte ihre größten Leckerbissen hervor: Erbsen, Rosinen, Hafer und sogar ein Stück Speck. Die verwöhnte Stadtmaus beschnupperte und benagte die ländlichen Leckerbissen höflich, aber lustlos, da sie aus ihrem städtischen Domizil Besseres gewohnt war.
Um daran auch ihre Freundin teilhaben zu lassen, lud sie diese kurz entschlossen zu sich in die Stadt ein: Es dauerte nicht lange und beide waren unterwegs zum Palast der Städterin. Hungrig vom Marsch führte diese voller Stolz ihren Gast sogleich in den Speisesaal, wo sich wie gewöhnlich die Überreste des täglichen Festschmauses auf den Tischen türmten. Die Stadtmaus bat die Freundin zu Tisch, trug auf, was das Haus zu bieten hatte, und verwöhnte die staunende Landmaus nach Strich und Faden. Doch plötzlich knarren die Türen, Hundegebell dringt in den Raum. Voll Panik suchen beide das Heil in der Flucht, die glücklich gelingt. Zitternd jedoch und leichenblass spricht da die Landmaus: „Lebe wohl, meine Freundin! Solches Leben brauche ich nicht. Lieber im Wald sicher und karg, als hier schwelgend, aber mit einem Fuß im Sarg."

(frei nach Horaz)

Zeige die Gemeinsamkeit, aber auch den Unterschied zwischen der Fabel von Landmaus und Stadtmaus zur Fabel von Wolf und Hund auf.
Beschreibe heutige Lebensentwürfe, für die Wolf und Hund bzw. Stadt- und Landmaus stellvertretend stehen könnten.

5 Fuchs und Ziegenbock

Hom*o* in periculum simulac venit callidus,
reperi*re* effugium quaerit alterius malo.

Cum decidisset vulpes in pute*um* inscia
et altiore clauderetur margine,
devenit hircus sitiens in eundem locum.
Simul rogavit, esset an dulcis liquor
et copiosus, illa fraudem moliens:
„Descend*e*, amice! Tanta bonitas est aquae,
voluptas ut satiari non possit mea."
Immisit se barbatus. Tum vulpecula
evasit puteo nixa celsis cornibus
hircumque clauso liquit haerentem vado.

Stelle um: *Simulac homō callidus in ...* – **callidus** schlau, listig – **effugium** Ausweg

puteus Brunnen – **īnscius** h. (präd.) versehentlich – **margo**, *inis* m./f. Rand

sitiēns durstig

bonitās, *ātis* Güte, Vorzüglichkeit

im-mittere sē sich eilig hineinbegeben – **vulpēcula** Füchslein – **puteō** ↗ V. 3; ↗ P8

līquit ~ *relīquit* – **vadō** ↗ P7; S3

S 1* Finde alle Partizipien im Übersetzungstext und ordne sie ihrem Bezugswort zu.

S 2* Bestimme die Konjunktive *decidisset* (V. 3), *clauderetur* (V. 4), *esset* (V. 6) und *possit* (V. 9) und erkläre ihre Verwendung.

S 3 In V. 4 und 12 findest du jeweils ein Hyperbaton. Nenne die zwei Wörter, die es bilden, und erkläre, warum es den Inhalt treffend abbildet.

S 4 Informiere dich auf S. V über das Stilmittel der Metapher. Wofür stellt das Hyperbaton *clauso ... vado* (V. 12) eine Metapher dar?

T 1
a) Der Fuchs verkörpert in dieser Fabel besonders eine Eigenschaft. Finde sie mithilfe des Promythions heraus und belege am Text, worin sie sich zeigt.
b) Diskutiert, ob bzw. inwieweit die im Promythion aufgestellte These der Lebenswirklichkeit entspricht.

T 2 Man kann auch in der deutschen Sprache einen Menschen als „Fuchs" (z.B. als „Trainerfuchs") bezeichnen. Was wird damit über diesen Menschen ausgesagt?

Famẹ coạcta vụlpes ạlt*ā* in vịneā
uv*am* ạppetẹbat sụmmis sạliens vịribụs.
Quam tạnger*e* ụt non pọtuit, dịscedẹns aịt:
„Nondụm matụra *e*st. Nọl*o* acẹrbam sụmerẹ.“

vīnea Weinstock

S 1*
Unter welchem Stichwort musst du bei folgenden Wortformen im Wörterbuch nachschlagen?
fame – coacta – appetebat – summis – viribus – quam – potuit – discedens – ait – nondum – nolo – acerbam – sumere

S 2*
Gib das jeweilige Bezugswort zu *coacta* und *alta* (V. 1) an.

S 3*
Betrachte die folgende Tabelle und gib an, welches grammatische Phänomen du am Beginn von V. 3 (*quam*) erkennst.

quam (m. Komp.)	*quam* (m. Superl.)	*quam* (Akk. Sg. f → Relativsatz)	*quam* (Akk. Sg. f → Relativer Satzanschluss)	*quam* (Akk. Sg. f → Fragesatz)	*quam* (in Ausrufen)
als; wie	möglichst	die	diese	welche	wie

T 1
Erläutere, warum der Fuchs in V. 4 lügt, und finde ein passendes Epimythion zur Fabel.

T 2
Verwandle die Fabel in eine Menschengeschichte zurück. Zu welchem Menschentyp wird der Fuchs, wozu wird die Traube?

F
Ich kenne einen Dichter, dem die schreiende Bewunderung seiner kleinen Nachahmer weit mehr geschadet hat als die neidische Verachtung seiner Kunstrichter.
„Sie ist ja doch sauer!“, sagte der Fuchs von der Traube, nach der er lange genug vergebens gesprungen war. Das hörte ein Sperling und sprach: „Sauer sollte diese Traube sein? Darnach sieht sie mir doch nicht aus!“ Er flog hin und kostete und fand sie ungemein süß und rief hundert näschige Brüder herbei. „Kostet doch!“, schrie er, „kostet doch! Diese treffliche Traube schalt der Fuchs sauer.“ Sie kosteten alle, und in wenigen Augenblicken ward die Traube so zugerichtet, dass nie ein Fuchs wieder darnach sprang.
(Gotthold E. Lessing, 1729-1781)

Vergleiche diese Nachdichtung der Fabel von Fuchs und Traube mit der Fassung des Phädrus. Erkläre, inwiefern die Fabel des Phädrus bei Lessing nur mehr Mittel zum Zweck ist.

7 Fuchs und Rabe

Cum de fenestra corvus raptum caseum
comesse vellet celsā residens arbore,
vulpes hunc vidit, deinde sic coepit loqui:
„O qui tuarum, corve, pennarum *e*st nitor!
Quantum decoris corpor*e* et vultu geris!
Si vo*cem h*aberes, nulla prior ales foret."
At ille stultus, dum vult vo*cem* ostendere,
emisit ore caseum, quem celeriter
dolosa vulpes avidis rapuit dentibus.
Tum dem*um* ingemuit corvi deceptus stupor.

comēsse aufessen – **resīdere** sich niederlassen – **arbore** ↗ P7
quī ... nitor was für eine (blendende) Schönheit – **corpore et vultū** ↗ P7
prior h. besser; überlegen – **foret** ↗ P3

ōre ↗ P8
dolōsus (arg)listig
ingemīscere (*-gemuī*) stöhnen – **stupor**, *ōris* m. Dummheit

S 1* Nenne alle Genitive des Textes und bestimme jeweils ihre Bedeutung.

S 2* *ingemuit corvi deceptus stupor* (V. 10). Wer ist im lateinischen Text Subjekt, wer müsste eigentlich Subjekt sein? Was könnte Phädrus zu dieser eigenwilligen Ausdrucksweise veranlasst haben?

S 3* V. 1 enthält mit *fenestra* und *caseum* die lat. Grundlage von zwei Lehnwörtern. Suche mithilfe einer Wortkunde fünf weitere Lehnwörter aus dem Lateinischen.

T 1 Betrachte die Rede des Fuchses in V. 4-6 und erläutere seine Strategie. Warum hat der Fuchs genau diese Strategie angewendet?

T 2 Dieser Fabel wurde in der Antike neben dem Promythion auch noch ein Epimythion beigegeben (↗ F). Begründe, welches der beiden hier schon übersetzten den Sinn der Fabel besser trifft.

Promythion	Epimythion
Wer über listiges Lob sich freut, hat zu spät das schon oft bereut.	Nicht nur auf Kraft kommt es an, Grips bringt dich oftmals mehr voran.

T 3 Diskutiert, ob dem Raben ein Unrecht widerfährt, bzw. ob das Handeln des Fuchses korrekt ist.

T 4 Vergleiche die folgenden, von der Fabel von Fuchs und Rabe inspirierten Nachdichtungen bzw. Neuschöpfungen mit der Fabel des Phädrus.

Abb. S. 17:
Jupiter und sein Adler.
Darstellung auf einer Schale, um 550 v. Chr.

F

Jean de La Fontaine (1621-1695): Der Rabe und der Fuchs

Ein Rabe saß auf einem Baum und hielt im Schnabel einen Käse; den wollte er verzehren. Da kam ein Fuchs daher, der vom Geruch des Käses angelockt war.
„Ah, guten Tag, Herr von Rabe!“ rief der Fuchs. „Wie wunderbar Sie aussehen! Wenn Ihr Gesang ebenso schön ist wie Ihr Gefieder, dann sind Sie der Schönste von allen hier im Walde!“ Das schmeichelte dem Raben, und das Herz schlug ihm vor Freude höher. Um nun auch seine schöne Stimme zu zeigen, machte er den Schnabel weit auf – da fiel der Käse hinunter. Der Fuchs schnappte ihn auf und sagte: „Mein guter Mann, nun haben Sie es selbst erfahren: ein Schmeichler lebt auf Kosten dessen, der ihn anhört – diese Lehre ist mit einem Käse wohl nicht zu teuer bezahlt.“
Der Rabe, bestürzt und beschämt, schwur sich zu, dass man ihn so nicht wieder anführen sollte – aber es war ein bisschen zu spät.

Gotthold E. Lessing (1729-1781): Der Rabe und der Fuchs

Ein Rabe trug ein Stück vergiftetes Fleisch, das der erzürnte Gärtner für die Katzen seines Nachbars hingeworfen hatte, in seinen Klauen fort.
Und eben wollte er es auf einer alten Eiche verzehren, als sich ein Fuchs herbei schlich und ihm zurief: „Sei mir gesegnet, Vogel des Iuppiter!“ – „Für wen siehst du mich an?“, fragte der Rabe. – „Für wen ich dich ansehe?“, erwiderte der Fuchs. „Bist du nicht der rüstige Adler, der täglich von der Rechten des Zeus auf diese Eiche herabkommt, mich Armen zu speisen? Warum verstellst du dich? Sehe ich denn nicht in der siegreichen Klaue die erflehte Gabe, die mir dein Gott durch dich zu schicken noch fortfährt?“
Der Rabe erstaunte und freute sich innig, für einen Adler gehalten zu werden. „Ich muss“, dachte er, „den Fuchs aus diesem Irrtume nicht bringen.“ Großmütig dumm ließ er ihm also seinen Raub herabfallen und flog stolz davon. Der Fuchs fing das Fleisch lachend auf und fraß es mit boshafter Freude. Doch bald verkehrte sich die Freude in ein schmerzhaftes Gefühl; das Gift fing an zu wirken, und er verreckte.
Möchtet ihr euch nie etwas anderes als Gift erloben, verdammte Schmeichler!

Nele Moost (1996): Alles Meins! Oder 10 Tricks, wie man alles kriegen kann

Der kleine Rabe Socke hat seinen Freunden ihre Lieblingssachen abgeluchst, so auch dem Fuchs dessen Spieluhr:
Da saß der kleine Rabe nun in seinem Nest und hütete seine eroberten Schätze. „Kommst du runter, spielen?“, riefen die Tiere. „Nein“, krächzte der Rabe, „ich muss oben bleiben.“ Und in Gedanken fügte er hinzu: „Ich bin doch nicht blöd. Ich passe auf! Sonst kommt noch einer und klaut etwas oder will meine Schätze kaputtmachen und so weiter.“ „Wir können ja auch zu dir raufkommen“, riefen die Tiere. Der kleine Rabe breitete erschrocken seine Flügel über den Spielsachen aus. „Nein, nein“, krächzte er, „vielleicht ein andermal.“ Bald fragten die Tiere nicht mehr. Sie spielten Cowboy und Indianer. Am nächsten Tag spielten sie Weltraummonster, und am übernächsten spielten sie Verstecken. Der kleine Rabe spielte derweil mit seinen Schätzen. Aber ewig alleine spielen, war langweilig. Er musste etwas unternehmen ...

8 Frosch und Ochse / Frosch und Stiere

A *Promythion (hier weggelassen)*

In prato quondam rana conspexit bovem
et tact*a* invidiā tantae magnitudinis
rugos*am* inflavit pellem. Tum natos suos
interrogavit, an bov*e* esset latior.
Illi negarunt. Rursus intendit cutem
maiore nis*u* et simili quaesivit modo,
quis maior esset. Illi dixerunt bovem.
Novissim*e* indignata dum vult validius
inflare sese, rupto iacuit corpore.

prātum Wiese

rūgōsus faltig

negārunt ↗ P1 – **cutis,** *is* f. Haut

nīsus, *ūs* m. Anstrengung

novissimē ~ *dēnique / postrēmō*

sēsē ~ *sē*

S 1* Welche grammatische Erscheinungsform des Adjektivs dominiert ab V. 4 den Text? Welche Rückschlüsse lassen sich daraus auf den Inhalt der Fabel ziehen?

S 2* Stelle alle Ablative im Text zusammen und bestimme sie genau nach ihrer Funktion und Bedeutung.

S 3* Welches Stilmittel findest du sowohl in V. 3 als auch V. 9? Warum eignet es sich an diesen Stellen besonders gut?

B *Promythion (hier weggelassen)*

Ran*a* in palude pugnam tauror*um* intuens:
„Heu quanta nobis instat pernicies!" ait.
Interrogat*a* ab aliā, cur hoc diceret,
de principatu *cum* illi certarent gregis
longequ*e* ab ipsis degerent vitam boves:
„Est statio separat*a* ac diversum genus.
Expulsus regno nemoris qui profugerit,
paludis in secreta veniet latibula
et proculcatas obteret duro pede.
Ita caput ad nostrum furor illorum pertinet."

heu ach!

ab aliā <*rānā*>

prīncipātus, *ūs* Vorrang – **cum** h. wo doch – Stelle um: *cum illī bovēs dē prīncipātū gregis certārent et longe ab ipsis vitam degerent* – **dēgere** verbringen – **statiō,** *ōnis* f. Aufenthaltsort; Revier – **rēgnō** ↗ P8 – **nemus,** *oris* n. Wald – **quī** ↗ P6 – **profūgerit** ~ *fūgerit* – **latibulum** Versteck – **prōculcātas** <*rānās*> – **prōculcāre** niedertreten ↗ VI 1b) – **obterere** zermalmen

S 1* Ermittle alle Verbformen (inklusive Partizipien) des Textes und bestimme sie genau. Erkläre danach ihre jeweilige Verwendung im Text.

S 2* Bestimme genau die Zeit von *profugerit* (V. 7).

S 3* Welche Satzgliedfunktion erfüllt der Relativsatz in V. 7?

T 1 Gliedere die beiden Fabeln in sinnvolle Abschnitte und finde für jeden Abschnitt eine passende Überschrift.

T 2 Vergleiche die Grundstimmung beider Fabeln miteinander.

T 3 Erläutere, welche Rückschlüsse auf den Charakter und die Bildung der Frösche sich in beiden Fabeln aus ihrer jeweiligen Redeweise ziehen lassen.

T 4 Inwiefern eröffnet sich Phädrus beim Hauptdarsteller Frosch ein breiterer Gestaltungsspielraum als bei den bisherigen Hauptdarstellern Wolf und Fuchs?

T 5 Interpretiere die beiden Fabeln vor dem Hintergrund unserer heutigen, d.h. von der Globalisierung geprägten Zeit und erläutere,
a) was heutige Sportvereine aus der Fabel A lernen können.
b) was wir heutigen Europäer aus der Fabel B lernen können.

T 6 In Fabel A und B steht im Original vor der Fabel ein Promythion. Formuliere für beide Fabeln ein jeweils passendes Promythion.

F **Äsop: Die Frösche suchen Wasser**
Zwei Frösche zogen, als ihr See austrocknete, umher und suchten etwas, wo sie bleiben konnten. Da sie an einen Brunnen kamen, machte der eine von ihnen den unüberlegten Vorschlag, hineinzuspringen. Der andere aber sagte: „Wenn nun auch das Wasser hier austrocknet, wie können wir dann wieder hochkommen?"
Die Geschichte lehrt uns, nicht unachtsam an die Dinge heranzugehen.

(Übersetzung: T. Voskuhl)

So wie sich spätere Fabeldichtungen am Vorbild des Phädrus orientieren (↗ S. 17), hat sich dieser vom Vorbild des Äsop inspirieren (↗ S. 7) lassen.
Worin unterscheidet sich Fabel B von dieser Fabel des Äsop? Welche Folgen hat dieser Unterschied für die Aussageabsicht des Phädrus? Beziehe in deine Überlegungen das Wort *principatus* (V. 4) ein.

9 Der Froschkönig

Vorgeschichte (hier weggelassen ↗ T4)
Ranae vagantes liberis paludibus
clamore magno regem petiere a Iove,
qui dissolutos mores vi compesceret.
Pater deorum risit atque illis dedit
parvum tigillum, missum quod subito vadi
motu sonoque terruit pavidum genus.
Hoc mersum limo cum iaceret diutius,
forte una tacite profert e stagno caput
et explorato rege cunctas evocat.
Illae timore posito certatim annatant.
Frech hüpfen die Frösche auf den Balken.
Dann beschmutzten und beschimpften sie diesen.
Alium rogantes regem misere ad Iovem,
inutilis quoniam esset, qui fuerat datus.
Tum misit illis hydrum, qui dente aspero
corripere coepit singulas. Frustra necem
fugitant inertes, vocem praecludit metus.
Furtim igitur dant Mercurio mandata ad Iovem,
afflictis ut succurrat. Tunc contra deus
„Quia noluistis vestrum ferre", inquit, „bonum,
malum perferte!"

palūdibus ↗ P7
petiēre ↗ P1; P2
quī ~ *ut is* – **mōrēs dissolūtōs compēscere** die Verwahrlosung der Sitten beenden
tigillum (kleiner) Balken – Stelle um und ergänze: *quod subitō (dē)missum (dē caelō) mōtū vādī …* – **mersum līmō** im Schlamm steckend – **… cum …** ↗ P6 – **ūna** *<rāna>* – **prō-ferre** hervorstrecken – **stāgnō** ~ *palūde* – **cunctās** *<rānās>* – **ē-vocāre** herbeirufen – **positō** ~ *dēpositō* – **certātim annāre** um die Wette herbeischwimmen
Stelle um und verändere: *mīsērunt ad Iovem rogātūrī alium rēgem* – **fuerat** ~ *erat*
hydrus Wasserschlange

fugitāre (m. Akk.) fliehen vor – **iners**, *tis* kraftlos; mutlos – **vōcem praeclūdere** das Maul stopfen – **afflīctīs succurrere** den hart mitgenommenen (Fröschen) helfen – **bonum / malum** ↗ S4

S 1* Ermittle die zwei Ablativi absoluti des Textes und übersetze sie zunächst temporal. Entscheide dann, ob der Kontext eine andere Sinnrichtung passender erscheinen lässt.

S 2* In V. 18-19 finden sich das Verbum simplex *ferre* und das Kompositum *perferre*.
a) Wiederhole die Bedeutungen und Stammformen von *ferre*.
b) Nenne drei weitere Komposita von *ferre* und gib ihre Bedeutung an.
c) Informiere dich auf S. V über das Stilmittel Chiasmus. Wo findest du in diesen Versen einen Chiasmus? Warum greift Phädrus hier zu diesem Stilmittel?

S 3 *bonum* (V. 18): das Gute – *malum* (V. 19): das Schlechte; suche ausgehend von diesen wörtlichen Bedeutungen eine treffende Übersetzung für *bonum* bzw. *malum*.

T 1 Welcher Aufgabenbereich obliegt den Göttern Jupiter und Merkur? An welchen Attributen kann man sie in der Kunst erkennen?
Wiederhole in diesem Zusammenhang auch den Aufgabenbereich, die griechischen Namen und die Attribute der folgenden Götter und Göttinnen:
Mars – Apollo – Juno – Venus – Diana – Bacchus – Minerva – Ceres – Pluto – Neptun

T 2 Gliedere die Fabel in Sinnabschnitte. Gib jedem Abschnitt eine passende Überschrift.

T 3 Welche allgemeine Weisheit über den Menschen bringt die Fabel vom „Froschkönig“ zum Ausdruck?

T 4 Mit der Fabel vom „Froschkönig“ referiert Phädrus eine Fabel seines Vorbilds Äsop. Äsop erzählte – wie Phädrus in der vor dem Text weggelassenen Passage erklärt – diese Fabel einst den Athenern. Die Athener waren die Demokratie gewohnt und beschwerten sich deshalb über die Alleinherrschaft des Tyrannen Peisistratos, obwohl dieser nicht grausam war. Lest nochmals S. 4-5 und erklärt, was Phädrus den Römern mit der Fabel sagen will. (Beachtet in diesem Zusammenhang auch das Adjektiv *liberis* in V. 1).

F **Es kommt nichts Besseres nach**

Während sich alle Bürger von Syrakus über die Grausamkeit des Tyrannen Dionysius von Syrakus entrüsteten, bat eine alte Frau täglich die Götter darum, dass ihm nichts passierte. Als der Tyrann das hörte, wunderte er sich darüber sehr, ließ die Frau zu sich bringen und fragte sie nach dem Grund für ihre Gebete. Da antwortete sie: „Dass ich für dich bete, hat einen triftigen Grund. Denn als ich noch ein Mädchen war, hatten wir einen grausamen Tyrannen. Nach seinem Tod folgte ihm ein Schlimmerer nach. Jetzt aber haben wir dich und du bist noch grausamer als deine Vorgänger.“

(nach Valerius Maximus, einem Zeitgenossen des Phädrus)

Erkläre, inwiefern die Fabel vom „Froschkönig“ ein Lehrstück für die Kernaussage der obigen Geschichte darstellt.

Exkurs: Tiere im antiken Rom

Hochverehrtes Publikum,
wie ich höre, verhält es sich mit eurer Kenntnis von Tieren heutzutage oftmals völlig anders als zu meiner Zeit. Denn einigen von euch, liebes Publikum, sind anscheinend viele exotische Tiere wesentlich vertrauter als die eigentlichen Tiere eurer Heimat. Manch einer soll heutzutage nämlich in seinen frühen Jahren nicht wissen, woher z.B. die Milch wirklich kommt! Bei uns Römern war das völlig anders. Folgende Tiere, die ich jetzt in alphabetischer Reihenfolge auf die Bühne bitten darf, prägten unseren Alltag:

Bienen: Sie produzierten den Süßstoff der Antike, den Honig, und lieferten Wachs.
Enten: Besonders das Fleisch der Wildenten war sehr beliebt, aber auch als Hausenten verliehen sie in eigens für sie angelegten Zierteichen jedem Garten ein ägyptisches Flair.
Esel: Er war das Reit- und Tragtier der armen Bevölkerung, er drehte die Mühlsteine, war gewissermaßen das Mädchen für alles, fristete aber meistens ein trauriges Dasein.
Fische: Sie waren natürlich auch zum Essen da. Aber sie waren zugleich die große Liebhaberei der Römer, die sie in eigens dafür erbauten Fischteichen züchteten, um sie teuer zu verkaufen oder aber auch, um sich an ihnen zu erfreuen.
Gänse: Sie waren die „Wachhunde" der kleinen Leute und lieferten Federn für weiche Kissen und Polsterungen. Ihre Leber galt auch den Römern als Delikatesse. Ihr Fett wurde nicht nur zum Essen, sondern auch zum Einreiben bei körperlichen Wehwehchen verwendet.
Hahn: Er diente natürlich als „Wecker", ließ sich aber auch zu Kämpfen bestens heranziehen.
Hühner: Ihre Eier, aber auch ihr Fleisch lieferten einen wichtigen Beitrag zur Ernährung. Außerdem fiel als wertvolles Abfallprodukt der Hühnerhaltung Dünger für Äcker und Weinberge an. Zudem galten Hühner als Zukunftsboten, weshalb in Rom „heilige Hühner" gehalten wurden, aus deren Fressverhalten Auskünfte über die Zukunft abgeleitet wurden.
Hund: Er war neben dem Pferd von alters her unser treuer Genosse, sei es als Jagdhund, als Wachhund, aber auch als Schoßhund.
Katze: Sie kam aus Ägypten zu uns und half uns, unser wichtigstes Nahrungsmittel, das Getreide, vor Mäusen zu schützen. Auch als Schmusetier war sie bei unseren Kindern sehr beliebt. Allerdings war sie als Gefahr für alle Vogelarten gefürchtet.
Pferd: Es war das Luxustier der Antike, da seine Haltung und Aufzucht nur für wohlhabende Menschen bezahlbar war. Es war als Reit- und Zugtier Genosse des Besitzers im Frieden, besonders aber auch im Krieg. Wichtig waren seine „PS" auch für die römische Post.
Rinder: Sie waren nicht so sehr Milch-, als vielmehr Fleischlieferanten für die Großstädter. Daneben dienten sie natürlich auch als zugkräftige Helfer in der Landwirtschaft.
Schafe: Sie waren das Nutztier der Antike schlechthin, da sie genügsam waren und neben Milch und Käse auch noch Fell und Wolle „spendeten". Weniger erfreulich für die Schafe war es, dass sie auch als Opfertiere äußerst gefragt waren.
Schwein: Es war, da es als unrein galt, zwar verachtet, aber zugleich doch auch geschätzt, denn es war das einzige Tier in der Viehzucht, das nur zum Verzehr bestimmt war.

Vögel: Sie dienten uns Römern als Sing- und Stubenvögel. Besonders Nachtigallen, Zeisige, Dompfaffen und sprechende Rabenvögel gefielen uns. Tauben waren einerseits eine schmakkhafte Ergänzung des Speisezettels, andererseits aber auch Zierstücke. Höchster Wertschätzung erfreuten sich die Wachteln: Wir liebten ihre besonderen Laute, richteten sie wie Hähne zum Kämpfen ab und schätzten sie zudem als Delikatesse.
Wild: Rehe, Hirsche, Wildschweine und Hasen wurden in Gehegen gehalten und waren sowohl als Bereicherung des Speisezettels nützlich als auch äußerst dekorativ.
Ziegen: Sie waren äußerst genügsam und als Lieferant von Milch und Käse in gewisser Weise die Rinder des kleinen Mannes.

Freilich kannten wir Römer – die Akteure der bereits vorgeführten Fabeln haben das hoffentlich deutlich gemacht – nicht nur Nutztiere. Als Gefährdung unserer Herden waren uns Wolf, Fuchs und Schlange nur zu gut bekannt. Auch von den Plagegeistern des Alltags wie Mücken und Fliegen, Mäusen und Fröschen waren wir nicht verschont.

Mit der zunehmenden Ausdehnung unseres Weltreiches lernten wir in Rom aber auch all die exotischen Tiere unserer neuen Provinzen mit eigenen Augen kennen. Denn unsere großen Feldherren präsentierten immer neue Attraktionen: Affen, Antilopen, Bären, Eber, Elche, Elefanten, Flusspferde, Gazellen, Hyänen, Kamele, Leoparden, Löwen, Luchse, Panther, Papageien, Pfauen, Rhinozerosse, Strauße, Tiger, Wildpferde.

Und wozu das Ganze? Meistens um in der Arena bei Tierhetzen oder Tierkämpfen niedergemetzelt zu werden. Nur selten wurden exotische Tiere in Tiergärten ausgestellt, wie zum Beispiel die von Julius Cäsar erstmals in Rom gezeigte Giraffe.

Römische Tiermosaiken, Pompeji, 1. Jh. n. Chr.

T 1 Worin gleicht der Umgang der Römer mit Tieren unseren heutigen Gepflogenheiten? Worin unterscheidet er sich?

T 2 Was versprachen sich die römischen Feldherren von der Präsentation und Abschlachtung exotischer Tiere in Tierhetzen und Tierkämpfen?

Szene in einem Amphitheater: Tierhetzen und Hinrichtung durch Tiere. Römisches Mosaik, Lybien, 3. Jh. n. Chr.

10 Löwe und Esel

Sehr verehrtes Publikum,
nach unserer hoffentlich kurzweiligen Expedition ins römische Tierreich nun ein weiterer Höhepunkt im Programm.
Es freut mich, die absoluten Stars der Arena präsentieren zu können:
Bühne frei für die Löwen!

Römisches Mosaik, Pompeji, 2. Jh. v. Chr.

Promythion (hier weggelassen)

Venar*i* asello comite cum vellet leo,
contexit illum frutic*e* et admonuit simul,
ut insuetā voce terreret feras,
fugientes ips*e* exciperet. Hic auritulus
clamorem subito totis tollit viribus
novoque turbat bestias miraculo.
Quae dum paventes exitus notos petunt,
leonis affliguntur horrend*o* impetu.
Qui postquam caede fessus est, asin*um* evocat
iubetque vocem premere. Tunc ill*e* insolens:
„Qualis videtur opera tibi vocis meae?"
„Insignis", inquit, „sic, ut, nisi nossem tuum
animum genusque, simili fugissem metu."

Stelle um: *cum leō vellet vēnārī*
contegere (*-tegō, -tēxī, -tēctum*) h. verbergen – **frutex**, *icis* m. Gebüsch – **frutice** ↗ P7 – **ut** <*ille*> **īnsuētā** ... – **īnsuētus** h. verstellt – <*ut*> **fugientēs** ... – **hīc** hierauf – **aurītulus** Langohr = Esel
pavēns, *entis* zitternd, ängstlich
afflīgere zu Boden reißen – **horrendus** schrecklich – **ē-vocāre** heraus-, herbeirufen – **īnsolēns**, *entis* h. übermütig

nōssem ↗ P1

S 1*
Wiederhole die folgenden Wendungen und übersetze mit ihrer Hilfe den Abl. abs. *asello comite* in V. 1.
Hannibale duce *Cicerone consule* *Caesare auctore* *imperatore invito*

S 2*
Welches grammatische Phänomen erkennst du in *quae* (V. 7) und *qui* (V. 9)? Gib jeweils an, worauf sich das Relativpronomen bezieht.

S 3*
Ermittle alle Adverbialsätze des Textes und ordne sie folgenden Sinnrichtungen zu:
temporal – konditional – final – konsekutiv – kausal

T 1
Löwen gelten gemeinhin als faul. Zeige diesen Wesenszug an der Jagdstrategie des Löwen in V. 2-8 auf.

T 2
Esel gelten gemeinhin als dumm. Erläutere anhand geeigneter Textstellen, ob der Text dieses (Vor)Urteil bestätigt oder widerlegt.

T 3
In V. 12-13 bedient sich der Löwe des Stilmittels der Ironie. Versuche ausgehend von der Antwort des Löwen zu erklären, was man unter Ironie versteht.

F
Androklus und der Löwe
Ein zum Tierkampf in der Arena verurteilter Sklave namens Androklus wurde einem Prachtexemplar von Löwen zum Fraß vorgeworfen. Dieser aber stürmte nicht auf ihn los, sondern musterte ihn längere Zeit und begann schließlich schwanzwedelnd die Hände und Beine seines vermeintlichen Opfers zu lecken. Als der Kaiser den Grund dafür erfuhr, ließ er Androklus zusammen mit dem Löwen frei. Dieser zog später, wie man sich erzählte, unter dem Jubel der Leute mit dem Löwen an der Leine durch die Straßen Roms.

Was könnte der Grund dafür gewesen sein, dass der Löwe Androklus verschonte?
Diskutiert, ob diese Geschichte glaubwürdig oder eher ins Reich der Fabel zu verweisen ist.

11 Der Löwenanteil

A *Promythion (hier weggelassen)*
Vacc*a* et capell*a* et patiens ovis iniuriae
socii fuere cum leon*e* in saltibus.
Hi cum cepissent cervum vasti corporis,
sic est locutus partibus factis leo:
„Ego primam tollo, nominor quoniam leo.
Secundam, quia sum fortis, tribuetis mihi.
Tum, quia plus valeo, me sequetur tertia.
Mal*o* afficietur, si quis quartam tetigerit."
Sic totam praedam sol*a* improbitas abstulit.

vacca Kuh – **capella** (kleine) Ziege
fuēre ↗ P2 – **saltus**, *ūs* Bergwald
Ergänze: *prīmam (partem)*
sequi h. zuteil werden
improbitās, *ātis* Unverschämtheit

S 1* Wiederhole bzw. erschließe die Bedeutung der folgenden Wendungen:

amans patriae	*fugiens laboris*	*neglegens officii*	*appetens gloriae*
vir summi ingenii	*res eiusmodi*	*res magni pretii*	*iter paucorum dierum*

Bestimme nun mit ihrer Hilfe die Genitive *iniuriae* (V. 1) und *vasti corporis* (V. 3) nach ihrer jeweiligen Satzgliedfunktion.

S 2* Bestimme die Tempora aller Verben in V. 5-8.

S 3 *improbitās* (V. 9): Was ist am Gebrauch dieses Subjekts ungewöhnlich?

S 4 Welches Stilmittel erkennst du in V. 3? Warum setzt es Phädrus ein?

T 1 Warum ist die in V. 1 vorgestellte Jagdgesellschaft sonderbar?

T 2 Erkläre, warum das Handeln des Löwen durch die Adjektive *vasti* (V. 3), *totam* und *solam* (V. 9) entscheidend charakterisiert wird.

T 3 Zeige auf, inwiefern sich der vierte Satz der Rede des Löwen von den drei ersten Sätzen unterscheidet. Welche Rückschlüsse auf den Charakter des Löwen lässt dieser Satz zu?

T 4 Was versteht man unter dem Löwenanteil? Nimmt sich der Löwe den Löwenanteil?

Drei Szenen aus dem Zeichentrickfilm „König der Löwen", USA 1994

T 5 Im Original steht vor der Fabel ein Promythion. Wie könnte es lauten?

Super iuvencum stabat deiectum leo.
Praedator intervenit partem postulans.
„Dar*em*", inquit, „nisi soleres per te sumere."
et improbum reiecit. Fort*e* innoxius
viator est deductus in eundem locum
feroque viso rettulit retro pedem.
Cui placidus ille: „Non est, quod timeas." ait;
„Et, quae debetur pars tuae modestiae,
audacter tolle." Tunc diviso tergore
silvas petivit, homin*i* ut accessum daret.
Epimythion (hier weggelassen)

super iuvencum ~ *super iuvencō* – **iuvencus** junger Stier – **praedātor**, *ōris* Beutedieb – **inquit** <*leō*>
innoxius unschuldig, rechtschaffen
viātor, *ōris* Reisender – **est dēductus** ~ *vēnit* – **ferō** ~ *leōne* – **referre retrō pedem** zurückweichen
Stelle um: *Et partem, quae dēbētur modestiae tuae, audācter tolle!* – **tergus**, *oris* n. h. Fleisch, Beute – **accessus**, *ūs* Zutritt

S 1* Bestimme die Konjunktive *darem* und *soleres* in V. 3 nach Form und Bedeutung. Wiederhole auch die folgenden wichtigen Verwendungsmöglichkeiten des Konjunktivs im Hauptsatz, indem du die richtigen Zuordnungen herstellst:

1 *Dedissem, si solitus esset ...*	A Prohibitiv	a Hoffentlich ...!
2 *Utinam mihi praedam det!*	B Hortativ	b ... soll ...?
3 *Ne praedam diviseris!*	C Deliberativ (Gegenwart)	c ... hätte ..., wenn gewesen
4 *Quid tibi dem?*	D Optativ (Gegenw.; erfüllbar)	d Lasst uns ...!
5 *Dividamus praedam!*	E Irrealis (Vergangenheit)	e ... nicht!

S 2 Finde die zwei Ablativi absoluti des Textes. Übersetze sie zunächst mit einem Temporalsatz und prüfe dann, welche Übersetzungsmöglichkeit treffender ist.

T 1 Erläutere, inwiefern sich das Handeln des Löwen in Text B grundlegend vom Handeln des Löwen in Text A unterscheidet.

T 2 Der Löwe steht in der Fabel oft stellvertretend für den König. Welche zwei verschiedenen Typen von König verkörpern die Löwen in Text A und Text B?

F **Vom Löwen als König**

Nachdem der Löwe sich zum König der Tiere gemacht hatte, wollte er auch den Ruhm, gerecht zu sein, erlangen. Also gab er seine früheren Gewohnheiten auf: Er gab sich mit karger Kost zufrieden, er führte ein gottgefälliges Leben und erwies sich als unbestechlicher Richter unter den Tieren. Dann aber begann er an seiner reumütigen Lebenswende zu zweifeln, ... (Phädrus 4,14)

Betrachte die drei Löwendarstellungen aus Walt Disneys *König der Löwen*. Wie lösen moderne Fabeln (wie z.B. Walt Disneys *König der Löwen*) das Problem der zwei Charakterzüge des Löwen, d.h. der Erhabenheit und Grausamkeit in einer „Person"?

12 Panther und Hirten

Wie ihr gerade sehen konntet, agieren in meinen Stücken nicht nur Tiere, sondern auch Menschen. Dieses Zusammenspiel werden meine nächsten Hauptdarsteller fortführen, allen voran der Panther.

Promythion (hier weggelassen)
Panthera imprudens olim in foveam decidit.
Videre agrestes. Alii fustes congerunt,
alii onerant saxis. Quidam contra miseriti
periturae quippe. Quamvis nemo laederet,
misere panem, ut sustineret spiritum.
Nox insecuta est. Abeunt securi domum,
quasi inventuri mortuam postridie.
At illa, vires ut refecit languidas,
veloci saltu foveā sese liberat
et in cubile concito properat gradu.
Paucis diebus interpositis provolat,
pecus trucidat, ipsos pastores necat
et cuncta vastans saevit irato impetu.
Tum sibi timentes, qui ferae pepercerant,
damnum haud recusant, tantum pro vita rogant.
At illa: „Memini, qui me saxo petierit,
qui panem dederit. Vos timere absistite!
Illis revertor hostis, qui me laeserunt."

imprūdēns, *entis* h. unvorsichtig – **fovea** Fallgrube – **vīdēre** ↗ P2 – **agrestis,** *is* m. Bauer – **fūstēs congerere** mit Knüppeln bewerfen – **onerāre** h. überhäufen – **miseritī** <*sunt*> – **peritūrae quippe** ↗ S1 – **mīsēre** ↗ P2 – **sustinēre spīritum** am Leben bleiben
inventūrī <*sint*> – **postrīdiē** ~ *posterō diē* – **reficere** (*-fēcī, -fectum*) h. (neu) beleben – **languidus** matt – **vēlōx,** *ōcis* schnell, gewandt – **saltus,** *ūs* m. Sprung – **sēsē** ~ *sē* – **fovea** ↗ V.1 – **cubīle,** *is* n. h. Höhle – **Paucis diebus interpositīs** ~ *post paucos dies* – **prōvolāre** hervorstürzen – **trucīdāre** niedermetzeln
damnum Schaden, Verlust
petīerit ↗ P1 – **quī** ~ *quis*
absistite ~ *dēsinite*

S 1*
Periturae quippe (V. 4) stellt eine extreme Verknappung dar. Ausführlich müsste es heißen: *Quidam miseriti sunt pantherae, quippe quae (cum) peritura esset.* Warum drückt sich Phädrus an dieser Stelle so knapp aus?

S 2*
inventuri (sint) (V. 7; siehe auch *peritura esset*: S1). Welches Zeitverhältnisses drückt das PFA in Kombination mit Formen von *esse* in Nebensätzen aus?

S 3*
Ordne die Formen *insecuta est* (V. 6), *memini* (V. 16) und *revertor* (V. 18) in die richtige Gruppe der unten angeführten speziellen Verben ein. Wiederhole zugleich die deutsche Bedeutung und die Stammformen dieser speziellen Verben.

Perfektopräsentien	Semideponentien	Deponentien
odisse	solere	uti
consuevisse	gaudere	loqui
cognovisse	audere	pati
	confidere	mori

S 4
spiritum (V. 5) Anstelle von *spiritum* hätte Phädrus auch *vitam* schreiben können. Warum hat er sich für *spiritum* entschieden?

T 1 Liste alle Prädikate, Subjekte und (die z.T. sinngemäß zu ergänzenden) Objekte der Hauptsätze auf und fasse den wesentlichen Inhalt des Textes anhand deiner Liste kurz zusammen.

T 2 Der Panther ist ein dynamisches Tier. Zeige anhand der Syntax des Übersetzungstextes auf, wie es Phädrus gelingt, diese Dynamik im Text abzubilden.

T 3 Finde ein geeignetes Promythion für diese Fabel.

T 4 Diskutiert, ob die Hirten, die dem Panther geholfen haben, am späteren Tod der anderen Hirten schuldig sind.

F **Der rosarote Panther**

Der rosarote Panther (englisch: *The Pink Panther*) ist ein unter der Regie von Blake Edwards 1963 gedrehter Spielfilm, dem eine Reihe weiterer Rosarote-Panther-Filme folgte (der vorerst letzte im Jahr 2006). In *Der rosarote Panther* geht es um einen wertvollen Diamanten, der von einem Meisterdieb namens „Phantom" gestohlen wird. Der Vorspann des Films führte zur bekannten Trickfilmserie um den rosaroten Panther, genannt Paulchen Panther. Berühmt wurde auch die Titelmelodie, The Pink Panther Theme, die Henry Mancini komponierte.

Der rosarote Panther, Ausschnitt aus einem Filmplakat, GB/USA 1978

Erklärt, warum man den Panther als das geeignete Tier für den Filmtitel ansah.
Besorgt euch die Titelmelodie des Filmes (natürlich auf legale Weise!). Hört sie euch genau an und diskutiert, ob sie auch als Titelmelodie für die Fabel des Phädrus geeignet wäre.

13 Arion und der Delfin

Hochverehrtes Publikum,
während der Panther die Bühne verlässt, nähert sich bereits ein weiteres, absolut außergewöhnliches Spektakel. Lasst euch nun mit freundlicher Unterstützung meines berühmten Dichterkollegen Ovid in eine virtuelle Wasserwelt entführen! Nun freilich nicht wie gewohnt im jambischen Senar, sondern im elegischen Distichon.

Quod mare non novit, quae nescit Ariona tellus?
Carmine currentes ille tenebat aquas.
Saepe sequens agnam lupus est a voce retentus,
saepe avidum fugiens restitit agna lupum.
Saepe canes leporesque umbrā iacuere sub ūnā,
et stetit in saxo proxima cerva leae.
Nomen Arionium Siculas impleverat urbes
captaque erat lyricis Ausonis ora sonis.
Inde domum repetens puppem conscendit Arion
atque ita quaesitas arte ferebat opes.
Forsitan, infelix, ventos undasque timebas,
at tibi nave tuā tutius aequor erat.
Namque gubernator destricto constitit ense
ceteraque armatā conscia turba manu.
Quid tibi cum gladio? Dubiam rege, navita, puppem!
Non haec sunt digitis arma tenenda tuis.
Ille metu pavidus „Mortem non deprecor.", inquit,
„sed liceat sumptā pauca referre lyrā."
Dant veniam ridentque moram. Capit ille coronam.
Er zieht ein Purpurgewand an, spielt ein Klagelied
und springt plötzlich über Bord:
Inde (fide maius) tergo delphina recurvo
se memorant oneri supposuisse novo.
Ille sedens citharamque tenet pretiumque vehendi
cantat et aequoreas carmine mulcet aquas.
Di pia facta vident. Astris delphina recepit
Iuppiter et stellas iussit habere novem.

Welches Meer kennt nicht, welches Land kennt nicht den Arion? / Jener (berühmte Sänger) konnte mit seinem Gesang dahineilende Wasser aufhalten. / (3) Oft ist ein Wolf, wenn er ein Lamm verfolgte, von seiner Stimme aufgehalten worden, / oft blieb auch ein Lamm, wenn es vor einem gierigen Wolf floh, stehen. / Oft lagen Hunde und Hasen in ein und demselben Schatten, / (6) oft stand auch eine Hirschkuh ganz nah bei einer Löwin auf einem Fels. / Der Name Arions war in allen Städten Siziliens bekannt / und auch die Küste Süditaliens war ergriffen von den Klängen seiner Lyra. / (9) Um von dort nach Hause zurückzukehren, bestieg Arion ein Schiff / und wollte so den durch seine Kunst erworbenen Reichtum nach Hause bringen. / Vielleicht, unglücklicher Arion, hattest du ja Angst vor Winden und Wellen, / (12) doch das Meer erwies sich für dich als sicherer als dein Schiff. / Denn der Steuermann zückte sein Schwert und stellte sich vor dich hin / und auch die übrige, in sein Verbrechen eingeweihte Schar, baute sich vor dir mit bewaffneter Hand auf. / (15) Was habt ihr, Matrosen, mit Schwertern zu tun? Lenkt lieber, Matrosen, das gefährdete Schiff! / Nicht diese Geräte dürfen eure Finger halten. / Jener sagte zitternd vor Angst: „Den Tod will ich gar nicht durch Bitten abzuwenden versuchen, / (18) aber es möge mir erlaubt sein, meine Lyra zu nehmen und noch weniges vorzutragen." / man gibt ihm die Erlaubnis und lacht über den Aufschub. Jener bekränzt sich (zieht ein Purpurgewand an, spielt ein Klagelied und springt plötzlich über Bord) / Dann hat ein Delfin (unglaublich) mit gekrümmten Rücken / (21) sich unter seine neue Last begeben, wie man berichtet. Jener hält im Sitzen die Kithara fest und um den Fahrpreis zu bezahlen / singt er und besänftigt das Meereswasser durch seinen Gesang. / (24) Die Götter sehen die fromme Tat. Unter die Sterne nahm den Delfin auf / Jupiter und befahl, dass er neun Sterne haben solle. (Übersetzung: Chr. Zitzl)

S 1*
Welche grammatischen Phänomene erkennst du bei *tenenda* (V. 16) und *vehendi* (V. 22)? Wiederhole anhand der folgenden Wendungen auch das attributive Gerundiv:
occasio veniae dandae – veniae dandae causa – ad veniam dandam – in carminibus cantandis servari – carmine cantando vitam servare

S 2*
Vergleiche die Übersetzung mit dem lateinischen Original. Wo bleibt sie sehr nah am Original, wo weicht sie davon ab?

S 3
Informiere dich auf S. V über das Stilmittel der Anapher. Suche danach im Text eine Anapher und erkläre, warum Ovid dieses Stilmittel an der Stelle verwendet.

S 4
Erkläre anhand von V. 6, was man unter einer „abbildenden Wortstellung" versteht.

Oben: Amor auf einem Delfin reitend, röm. Wandmalerei, Pompeji, 1. Jh. n. Chr.

Linke Seite: Minoisches Fresko, Knossos, um 1800 v. Chr.

T 1
An welchen anderen großen Sänger der Antike erinnert die Figur des Arion? Wiederhole seine Geschichte, indem du sie in Stichpunkten notierst oder erzählst.

T 2
Welches berühmte Phänomen der antiken Welt steht im Hintergrund der Geschichte des Textes?

T 3
Erkläre, warum es sich bei der von Ovid erzählten Geschichte von Arion und dem Delfin um keine Fabel handelt. Führe mindestens drei Gesichtspunkte als Begründung an.

F
Äsop: Der Delfin und der Affe
Leute, die zur See reisen wollen, haben die Gewohnheit, als Zeitvertreib für die Schiffahrt Malteserhündchen und Affen mitzunehmen. So brachte auch einer, der eine Schifffahrt unternehmen wollte, einen Affen mit an Bord. Als sie auf der Höhe von Kap Sunion waren – das ist ein attisches Vorgebirge –, kam ein heftiger Sturm auf. Das Schiff kenterte, und alle mussten schwimmen, und auch der Affe schwamm. Ein Delfin sah ihn, und weil er ihn für einen Menschen hielt, nahm er ihn auf seinen Rücken und trug ihn übers Wasser. Als sie zum Piräus, dem Hafen der Athener, kamen, fragte er den Affen, ob er aus Athen stamme. Der antwortete, er habe dort sogar adlige Eltern. Zweitens fragte er ihn, ob er denn den Piräus kenne, und der sagte – denn er meinte, es sei ein Mensch –, er kenne ihn sehr gut, und er sei sogar sein Freund, und sie sähen sich häufig. Da ärgerte sich der Delfin über des Affen Lügen, tauchte ihn ins Wasser und ließ ihn ertrinken.

(Übersetzung: T. Voskuhl)

Diskutiert vor dem Hintergrund dieser Fabel des Äsop und der Abbildung auf dieser Seite, ob die Rettung des Arion durch einen Delfin glaubwürdig erscheint.

Exkurs: Das römische Theater zur Zeit des Phädrus

Die Theater

Das Theaterviertel Roms befand sich spätestens ab Christi Geburt auf dem Marsfeld. Hatte man zunächst in Rom, anders als in Griechenland, Theateraufführungen stets nur in Behelfstheatern aus Holz – die nach den jeweiligen Vorführungen wieder abgerissen wurden – gesehen, so setzte der große Pompejus auch auf kulturellem Gebiet einen Meilenstein: Im Jahr 55 v. Chr. wurde sein Pompejus-Theater mit ca. 30 000 Sitzplätzen als erstes aus Stein erbautes Theater in Rom eröffnet. Da sich das Theater großer Beliebtheit erfreute, blieb es nicht das einzige auf dem Marsfeld: In den letzten beiden Jahrzehnten vor Christi Geburt wurden kurz nacheinander zwei weitere Theaterbauten im Auftrag von Kaiser Augustus fertig gestellt: Das „kleine" Balbus-Theater mit ca. 11 500 Plätzen finanzierte der schwerreiche L. Cornelius Balbus, ein wichtiger politischer Weggefährte des Augustus. Das deutlich größere Marcellus-Theater wurde noch von Julius Cäsar begonnen, von Augustus fortgeführt und zu Ehren seines früh verstorbenen Schwiegersohnes Marcellus nach diesem benannt.

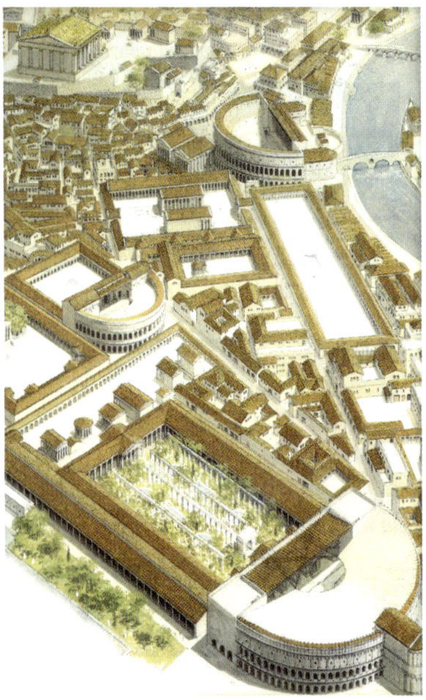

Alle Theater waren mit unmittelbar angrenzenden oder in der Nähe liegenden Säulenhallen verbunden, die den Besuchern Schutz vor Regen bringen sollten, die aber mit ihrem prächtigen, aus Gemälden und Marmorskulpturen bestehenden Schmuck und Grünelementen auch zum Flanieren einluden.

Das Programm

Denkt man an das antike Theater, so denkt man wohl zunächst an Griechenland. Dort wirkten mit Euripides, Sophokles und Aischylos nicht nur die Klassiker der Tragödie, sondern mit Aristophanes und Menander auch die Meister der Komödie, die später in Rom mit Plautus und Terenz ihre gefeierten Nachahmer finden sollten. Zur Zeit des Phädrus waren allerdings sowohl die Komödie als auch die Tragödie von Abwandlungen dieser Gattungen in den Hintergrund gedrängt worden.

An die Stelle der Komödie war der Mimus getreten. In ihm agierten die Schauspieler ohne Masken und – Skandal! – auch Schauspielerinnen, die in den von „sex and crime" geprägten Darbietungen manchmal auch die Hüllen fallen ließen. Das wurde zwar nicht ohne die Nase zu rümpfen hingenommen, hingeschaut haben aber ganz im Sinne des *spectaculum* die meisten anscheinend doch.

Der Tragödie hatte die Theaterform des „Pantomimus" den Rang abgelaufen. In ihm wurde der Schauspieler zum bloßen Pantomimen, der die Handlung tanzte. Daneben

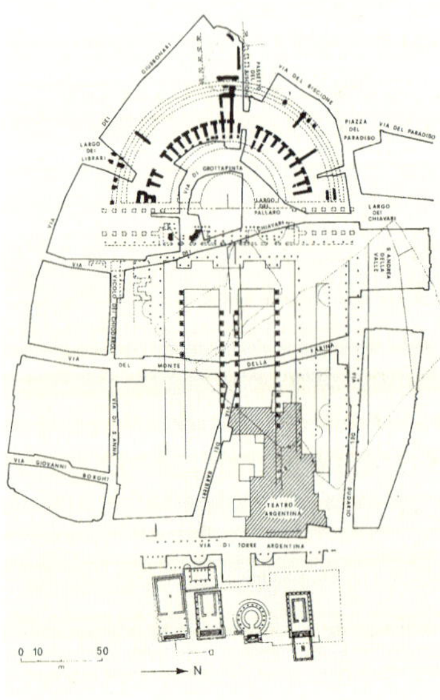

Oben: Das Marsfeld mit den großen Theaterbauten zur Zeit des Phädrus, Rekonstruktion

Unten: Theater und Portikus des Pompejus, Lageplan

kam es aber auch auf Gestik und die Körperhaltung insgesamt an. Die Mimik hatte keine Bedeutung, da der Tänzer eine Maske trug. Der Text wurde von einem Chor, der von einem Flötenspieler, später von einem regelrechten Orchester begleitet wurde, vorgetragen bzw. gesungen, wobei es anscheinend weniger auf den Inhalt als auf die Melodie der Lieder ankam: Der Pantomimus war ernster als der etwas derbere Mimus und setzte auch mehr Bildung als dieser voraus. Er sollte kein intellektueller Genuss, sondern Augen- und Ohrenschmaus zugleich sein und verlangte von den Akteuren höchste Perfektion. Kein Wunder also, dass einige von ihnen zu Stars aufsteigen konnten.

Römisches Theater, Zeichnung nach einer unteritalischen Vasenmalerei, undatiert

T 1 Betrachte den Grundriss des Pompejus-Theaters (↗ S. 32 unten) und identifiziere mit seiner Hilfe das Pompejus-Theater in der nebenstehenden Abbildung.

T 2 Benenne mithilfe des Textes auf S. 32 und 33 auch die anderen beiden Theater.

T 3 Versuche unter Verwendung moderner Stadtpläne zu klären, ob das nebenstehende Theaterviertel Roms auch Vorbildfunktion für moderne europäische Großstädte (Paris, London, Wien, Berlin, München) hatte.

T 4 Erkläre anhand der Theaterbauten die Bedeutung der Wendung *panem et circenses* für die römischen Machthaber. An welchen anderen Orten setzten sie diese Politik auch in die Tat um?

T 5 Vergleiche das Bühnenprogramm zur Zeit des Phädrus mit dem Programm unserer heutigen „Schaubühnen" (Theater, Oper, TV, Internet).

14 Das Haus des Sokrates

Liebes Publikum, im letzten Teil meines Programms werden nur mehr Menschen agieren. Einige von diesen sind euch vielleicht schon in Form von Marmorbüsten begegnet. Erlebt diese nun aber in Fleisch und Blut in meinem virtuellen Theater. Bühne frei für Sokrates, Äsop und Simonides!

Vulgạr*e* amịci nọmen, sẹd rarạ *e*st fidẹs.

Cum pạrvas ạedes sịbi fundạsset Sọcratẹs,
ex pọpulo sịc nescịo quis, ụt fierị solẹt:
„Quaesọ, *tam* angụstam tạlis vịr ponịs domụm?"
„Utin*am*", ịnquit, „vẹris hạnc amịcis ịmpleạm!"

vulgāris, *e* h. verbreitet – **nōmen** ~ *verbum*

fundāre h. bauen – **fundāsset** ↗ P1

nescio quis irgend jemand

<*tū,*> **tālis vir, pōnis** – **pōnis** ~ *aedificās*

S 1* Wiederhole die Stammformen von *fieri* (V. 3) und erkläre, warum dieses Verb zu den „speziellen Verben" zählt.

S 2* Wiederhole den Optativ, indem du die Wünsche richtig zuordnest. Gib danach an, welcher Fall des Optativ bei *utinam ... impleam* (V. 5) vorliegt.

Optativ (Wunsch)

A erfüllbar (Gegenwart)	1 *Utinam venisset!*
B erfüllbar (Vergangenheit)	2 *Utinam veniret!*
C unerfüllbar (Gegenwart)	3 *Utinam veniat!*
D unerfüllbar (Vergangenheit)	4 *Utinam venerit!*

Sokrates (470-399 v. Chr.), römisches Fresko, Ephesus, 60-80 n. Chr.

S 3 Erläutere, inwiefern der Kontrast zwischen dem Adverb *tam* und dem Adjektiv *talis* für den Sinn von V. 4 entscheidend ist.

T 1 Informiere dich (mithilfe eines Lexikons bzw. des Internets) über Sokrates und gestalte ein Plakat, das über Leben, Tod und Nachleben des Sokrates Auskunft gibt.

T 2 Wie schätzt Sokrates die Erfüllbarkeit seines Wunsches ein? (↗ S2)

T 3 In V. 5 spricht Sokrates von *veris amicis*. Diskutiert,

a) was einen wahren Freund ausmacht.

b) ob das Urteil des Sokrates eher pessimistisch oder realistisch ist.

Aesopo quidam scripta recitarat mala,
in quis inepte multum se iactaverat.
Scire ergo cupiens, quidnam sentiret senex,
„Numquid tibi", inquit, „visus sum superbior?
Haud vana nobis ingeni fiducia est."
Confectus ille pessimo volumine:
„Ego", inquit, „quod te laudas, vehementer probo.
Namque hoc ab alio numquam continget tibi."

Aesopus Äsop (↗ S. 6/7) – **recitarāt** ↗ P1
quīs ~ *quibus* – **ineptus** töricht, dumm
senex = *Aesōpus*
ingenī ~ *ingeniī* (Gen. obj.)

S 1* Suche alle Adverbien im Text und wiederhole anhand dieser die verschiedenen Arten der Adverbbildung.

S 2* Erkläre den Konjunktiv *sentiret* in V. 3.

S 3 Bestimme die folgenden Dative: *Aesopo* (V. 1); *nobis* (V. 5); *tibi* (V. 8) nach ihrer Satzgliedfunktion.

T 1 Wie schätzt der Dichter seine Werke ein? Wie schätzt sie Äsop ein? Belege deine Antworten am Text.

T 2 Erkläre, inwieweit sich Äsop mit seiner Antwort einen Witz mit dem Dichter erlaubt.

T 3 Finde ein passendes Pro- bzw. Epimythion für den Text.

F **Perottis Anhang**

Der Humanist Perotti sammelte im 15. Jahrhundert eine Anzahl von Fabeln des Phädrus. Darunter befinden sich 32 Fabeln (wenn auch ohne Pro- und Epimythien), die nicht in den sonstigen uns heute bekannten Phädrushandschriften enthalten sind. Allerdings scheinen nicht alle dieser von Perotti gesammelten Fabeln wirklich von Phädrus zu stammen.

Versuche anhand deiner bisherigen Kenntnis von Phädrusfabeln zu beurteilen, ob die Geschichte von Phädrus stammen könnte. Welche Gründe haben dich zu deiner Einschätzung veranlasst?

Sah so der Dichter Äsop (um 600 v. Chr.) aus? Der Maler Diego Velázquez (1599-1660) stellte ihn sich so vor.

16 Die Schätze des Simonides

Homo doctus in se semper divitias habet.

Simonides, qui scripsit egregium melos,
quo paupertatem sustineret facilius,
circumire coepit urbes Asiae nobiles,
mercede acceptā laudem victorum canens.
Hoc genere quaestūs postquam locuples factus est,
redire in patriam voluit cursu pelagio.
Erat autem, ut aiunt, natus in Cia insula:
Ascendit navem, quam tempestas horrida
simul et vetustas medio dissolvit mari.
Hi zonas, illi res pretiosas colligunt
subsidium vitae. Quidam curiosior:
„Simonide, *tu* ex opibus nil sumis tuis?“
„*Mecum*“ inquit „mea sunt cuncta.“ Tunc pauci enatant,
quia plures onere degravati perierant.
Praedones adsunt. Rapiunt, quod quisque extulit.
Nudos relinquunt. Forte Clazomenae prope
antiqua fuit urbs, quam petierunt naufragi.
In der Stadt erkennt wenig später ein Bewunderer des
Simonides diesen im Gespräch.
Ad se recepit. Veste, nummis, familia
hominem exornavit. Ceteri tabulam suam
portant rogantes victum. Quos casu obvios
Simonides ut vidit: „*Dixi*“, inquit, „mea
mecum esse cuncta. Vos quod rapuistis, perit.“

Simōnidēs griech. Dichter (556-468 v. Chr.) – **ēgregium melos** (griech.) ~ *ēgregia carmina* **circum-īre** (m. Akk.) h. herumreisen in – **Asia** Kleinasien – **laus victōrum** ↗ T2 **quaestus**, *ūs* m. Erwerb – **locuplēs**, *ētis* ~ *dīves* – **cursū pelagiō** auf dem Seeweg **Cīa** Keos (Kykladeninsel im östl. Mittelmeer) – **horridus** entsetzlich **vetustas** h. das Alter (des Schiffes) – **mediō ... marī** ↗ P7 – **zōna** h. Geldgürtel **subsidium** (h. Prädikatsnomen) als Hilfe – **cūriōsus** h. besorgt **ēnatāre** sich schwimmend retten **dēgravātus** beschwert **praedō**, *ōnis* Räuber – **efferre** h. an Land retten – **Clāzomēnae**, *ārum* f. Pl. Klazomenai (Stadt in der heutigen Türkei) – Stelle um: *Clāzomēnae, antiqua urbs, prope fuit* – **petiēre** ↗ P1; P2 – **naufragus** Schiffbrüchiger – <*Simōnidem*> **ad sē recēpit** **exōrnāvit** ~ *ōrnāvit* – **tabula** h. Schild (das auf den Grund ihrer Armut hinweist) – **obvius** entgegen; stelle um: *Ut Simōnidēs quos (~ eōs) casū obviōs vīdit.* – <*id,*> **quod vōs** – **perit** ~ *periit*

S 1* Suche alle Pronomina im Text. Wiederhole ihre Deklination und grenze sie hinsichtlich ihrer Bedeutung gegeneinander ab. Wiederhole auch die folgenden Pronomina:
is, ea, id // idem, eadem, idem
aliqui, aliqua, aliquod // uterque, utraque, utrumque // nemo
noster, nostra, nostrum // vester, vestra, vestrum

S 2 *subsidium vitae* (V. 12): Liegt hier ein Genitivus subiectivus oder ein Genitivus obiectivus vor?

S 3 Ordne alle Perfekt- bzw. Plusquamperfektformen im Text in die folgende Tabelle ein:

v-Perfekt	u-Perfekt	Reduplikationsperfekt	Perfekt ohne Stammveränderung
s-Perfekt	Spezielle Verben	Dehnungsperfekt	

Bilde zu allen anderen Verbformen (auch Partizipien) jeweils die 1. Pers. Sg. Ind. Präs. Akt. und die 1. Pers. Sg. Ind. Perf. Akt.

S 4 In V. 19 findest du das Stilmittel Trikolon. Versuche anhand dieses Verses
a) zu beschreiben, was für ein Trikolon typisch ist.
b) zu erklären, warum die Werbung gerne auf dieses Stilmittel zurückgreift.

T 1 Unterteile den Übersetzungstext in Sinnabschnitte und finde für jeden Abschnitt eine passende Überschrift.

T 2 Informiere dich mithilfe eines Lexikons bzw. des Internets über die Begriffe Rhapsode und Sophist. Begründe anhand des Textes, welcher von beiden Gruppen Simonides zuzuordnen ist. Erkläre in diesem Zusammenhang auch, was unter *laudem victorum* (V. 5) zu verstehen ist.

T 3 Die im Text und in der Illustration dargestellte Verhaltensweise wurde in der Antike auch Bias, einem der Sieben Weisen (↗ F), zugeschrieben. Versuche zu erklären, warum dieselben Geschichten von verschiedenen Männern berichtet werden konnten.

F **Die Sieben Weisen**

Die Besten der antiken Philosophen wurden in der Gruppe der sogenannten Sieben Weisen zusammengefasst. Kennzeichnend für diese Gruppe waren ihre einprägsamen knappen Sprüche wie „Erkenne dich selbst“, „Nichts zuviel“ oder auch *Omnia mea mecum porto.* Unter den Sieben Weisen finden sich Thales von Milet, Bias von Priene und Solon von Athen, nicht aber Sokrates, der über allen schwebte und als weisester Mann schlechthin galt.

Lies nochmals S. 6f. und erkläre, warum Phädrus neben Tieren besonders auch Philosophen bzw. Äsop als Hauptdarsteller in seinen Fabeln agieren lässt.

17 Brüderchen und Schwesterchen

Promythion (hier weggelassen)
Habebat quidam filiam turpissimam
idemque insignem pulchrā facie filium.
Hi, speculum in cathedra matris ut positum fuit,
pueriliter ludentes forte inspexerunt.
Hic se formosum iactat. Illa irascitur
nec gloriantis sustinet fratris iocos,
accipiens – quid enim? – cuncta in contumeliam.
Ergo ad patrem decurrit laesura invicem
magnāque invidiā criminatur filium,
vir natus quod rem feminarum tetigerit.
Amplexus ille utrumque et carpens oscula
dulcemque in ambos caritatem partiens:
„Cottidie", inquit, „speculo vos uti volo:
Tu, formam ne corrumpas nequitiae malis.
Tu, faciem ut istam moribus vincas bonis."

cathedra Lehnstuhl – **ut** h. weil ja ↗ P6 – **positum fuit** ~ *iacēbat* – **puerīliter** (Adv.) nach Kinderart – **sē fōrmōsum iactāre** seine Schönheit rühmen
accipere in contumēliam als persönliche Beleidigung auffassen – **quid enim?** was denn sonst? – **dē-currere** – **invicem** <*frātrem*> – **invicem** h. ihrerseits – **crīminārī** (m. Akk) h. sich beschweren über – **carpere** ~ *dare* – **ille** ~ *pater*
cottīdiē (Adv.) täglich
nēquitia Schlechtigkeit

S 1*
Liste in der Reihenfolge ihres Erscheinens alle Prädikate mit zugehörigem Subjekt und (falls vorhanden) Objekt in V. 3-12 auf. Übersetze die so entstandenen Kurzsätze und verschaffe dir so einen groben Überblick über den Handlungsverlauf.

S 2*
gloriantis (V. 6): Zu welcher Gruppe von Verben gehört dieses Verb. Welche anderen zu dieser Verbgruppe gehörenden Verben findest du im Übersetzungstext? Was ist bei ihrer Übersetzung zu bedenken?

S 3
Vergleiche den Aufbau von V. 14 und V. 15. Welche Stilmittel erkennst du? Warum hebt Phädrus gerade diese beiden Verse mit Stilmitteln hervor?

S 4
In welchen Versen des Textes findest du eine Antithese? (Hilfe: Du findest sie dort, wo du ein „zwar ... aber" in der Übersetzung ergänzen kannst.)

Spiegel aus Bronze, Ende 4. Jh. v. Chr.

F
Spiegel
Bei den Griechen und Römern gab es keine Glasspiegel, sondern Metallspiegel (↗ Abb.). Schliff man ihre Flächen blank, ließ sich ein guter Spiegeleffekt erzielen, besonders bei den Edelmetallen Gold, Silber und Bronze. Da Spiegel aufgrund ihrer Herstellung sehr teuer waren, stellten sie ein Luxusgut dar, dessen Rückseite oft reich und schmuckvoll verziert war.

Erkläre, inwiefern man auch Fabeln als Spiegel bezeichnen kann.

T 1 Wen redet der Vater in V. 14 bzw. V. 15 an? Begründe deine Antwort. Umschreibe dann in eigenen Worten, welche Absicht der Vater mit diesen Worten verfolgt.

T 2 Erläutere, inwiefern der Text eine für eine Kleinfamilie typische Situation widerspiegelt. Begründe in diesem Zusammenhang, ob deiner Meinung nach
a) der Zorn der Schwester auf den Bruder gerechtfertigt ist.
b) die Streitschlichtung des Vaters gelungen ist.

T 3 Das Mädchen im Text ist unzufrieden mit ihrem Äußeren. Diskutiert, wie wichtig „Schönheit" für ein Mädchen bzw. einen Jungen ist.

T 4 Erläutere, inwiefern die Fabel von „Brüderchen und Schwesterchen" märchenhafte Züge aufweist. Versuche daran anschließend eine Abgrenzung zwischen „Fabel" und „Märchen".

F **Über die Fehler der Menschen**

In einer anderen Fabel erzählt Phädrus:
Jupiter gab uns Menschen zwei Rucksäcke mit. Den einen füllte er mit unseren eigenen Fehlern an: Diesen packte er uns auf den Rücken. Den anderen stopfte er mit den Fehlern der anderen voll: Jenen hängte er uns vor die Brust.

Im Neuen Testament erklärt Jesus: Warum siehst du den Splitter im Auge deines Bruders, aber den Balken in deinem Auge bemerkst du nicht? (Mt 7,3)

Vergleiche die zwei Aussagen und erläutere, inwiefern sie den Menschen „einen Spiegel vorzuhalten" versuchen.

18 Die Witwe und der Soldat

Per aliquot annos quaedam dilectum virum
amisit et sarcophago corpus condidit.
A quo revelli nullo cum posset modo
et in sepulcro lugens vitam degeret,
clar*am* assecuta *est* famam castae virginis.
Interea, fanum qui compilarent Iovis,
cruci suffixi luerunt poenas numini.
Horum reliquias ne quis posset tollere,
custodes dantur milites cadaverum
monumentum iuxta, mulier quo *se* incluserat.
Aliquando sitiens unus de custodibus
aquam rogavit media noct*e* ancillulam.
Dabei sieht er natürlich ihre Herrin, die Witwe,
und verliebt sich bis über beide Ohren in sie.
Sollers acumen mille causas invenit,
per quas videre posset viduam saepius.
Cottidianā capta consuetudine
paulatim facta *est* advenae submissior.
Mox artior revinxit animum copula.
Hic dum consumit noctes custos diligens,
desideratum *est* corpus ex unā cruce.
Turbatus miles factum exponit mulieri.
At sancta mulier: „Non est, quod timeas.", ait ...

quaedam <*mulier*>
sarcophagō ↗ P7 – **sarcophagus** Sarg
revellere h. trennen
lūgēre trauern – **dēgere** verbringen
assequī (*-sequor, -secūtus sum*) erreichen
fānum Heiligtum – **compīlāre** ausplündern
crucī suffīxus gekreuzigt – **poenās luere** (m. Dat.) jdm. Buße leisten – **nūminī** ~ *Iovī*
cadāver, *eris* n. Leiche – Stelle um: *mīlitēs dantur custōdēs cadāverum* – **monumentum iuxtā** (Präp. m. Akk.) dicht neben dem Grabmal – **mulier** <*in*> **quō** – **sitiēns**, *entis* durstig – **rogāre** (m. dopp. Akk.) jdn. um etw. bitten – **ancillula** junge Dienerin
sollers acūmen <*mīlitis*> – **sollers acūmen** der raffinierte Scharfsinn – **vidua** Witwe
cottīdiānus täglich
Ergänze: *paulātim (mulier) facta est* – **advena**, *ae* m. Ankömmling – **submissus** h. zugänglich – **artus** eng, fest – **revinxit** ~ *vinxit* – Ergänze: *animum <viduae>* – **animus** h. Herz – **cōpula** Band

S 1* Ermittle alle Präpositionalausdrücke im Text und finde eine treffende Übersetzung. Wiederhole auch die folgenden Präpositionen und gib den Kasus an, mit dem sie stehen:

	Bsp. / dt. Bedeutung		Bsp. / dt. Bedeutung
inter	*inter cenam / ?*	*ante*	*ante cenam / ?*
	inter amicos / ?	*ante*	*templum / ?*
cum	*cum patre / ?*	*sine*	*sine spe / ?*
	magna cum voluptate / ?		*sine amicis / ?*
post	*post templum / ?*	*sub*	*sub terra / ?*
	post cenam / ?		*sub terram / ?*
pro	*pro patria pugnare / ?*	*ad*	*ad templum properare / ?*
	pro te mori / ?		*ad templum exspectare / ?*
contra	*contra inimicos / ?*	*extra*	*extra muros / ?*

S 2 Welche Stilmittel erkennst du in V. 15? Erkläre, warum dieser Vers durch den Einsatz von Stilmitteln hervorgehoben ist.

T 1 Diskutiert, ob das in V. 1-21 beschriebene Handeln der Witwe und des Soldaten moralisch einwandfrei ist.

T 2 Mit V. 21 ist die Fabel noch nicht zu Ende. Verfasse
a) einen deiner Meinung nach geeigneten Schluss der Fabel.
b) ein passendes Promythion für die mit deinem Schluss vervollständigte Fabel.

T 3 Bildet Gruppen und spielt den Text nach.

T 4 Die Geschichte von der Witwe und dem Soldaten ist ebenso wie der Text über Äsop und den Dichter (↗ S. 35) nur in Perottis Anhang (↗ S. 35) enthalten.
Versuche anhand deiner bisherigen Kenntnis von Phädrusfabeln zu beurteilen, ob die Geschichte von der Witwe und dem Soldaten von Phädrus stammen könnte. Welche Gründe haben dich zu deiner Einschätzung veranlasst?

Römische Gräberstraße, Rekonstruktion

F

Tod und Bestattung

Im Gegensatz zu Verbrechern (ohne Bürgerrecht, z.B. Sklaven), die ihr Leben oftmals – wie im Text beschrieben – am Kreuz als Fraß für Vögel und Tiere beenden mussten, fanden vornehme Griechen und Römer ihre letzte Ruhestätte in prunkvollen Gräbern vor den Stadttoren. In diesen hausartigen Gebäuden (↗ Abb.) neben den belebten Hauptstraßen konnte man durchaus auch übernachten – oder sich mit einer Frau treffen.

Epilog des Phädrus

Sehr geehrtes Publikum, damit sind wir fast am Ende meiner Fabeln angekommen. Gestattet mir zum Schluss aber noch die folgende Anmerkung:

Epilogus

Adhục supẹrsunt mụlta, quaẹ possịm loquị,
et cọpiọs*a* abụndat rẹrum vạrietạs;
sed tẹmperạtae sụaves sụnt argụtiaẹ,
immọdic*ae* offẹndunt. Quạre, vịr sanctịssimẹ,
Partịculo, chạrtis nọmen vịcturụm meịs,
Latịnis dụm manẹbit prẹtium lịtterịs,
si nọn ingẹnium, cẹrte brẹvitat*em* ạpprobạ,
quae cọmmendạri tạnto dẹbet iụstiụs,
quantọ poẹtae sụnt molẹsti vạlidiụs.

Schlusswort

Immer noch bliebe vieles übrig, was ich sagen könnte. Abwechslungsreiche Stoffe stehen noch in Hülle und Fülle zur Verfügung. Aber nur Witz mit Maß ist angenehm, ohne Maß erregt er schnell Anstoß.
Deshalb, mein hoch verehrter Particulo, dessen Name durch meine Schriften fortleben wird, solange die lateinische Literatur wertgeschätzt werden wird: Zolle, wenn schon nicht meiner Genialität, so doch sicher meiner Kürze Anerkennung, die desto berechtigter Lob verdient, je stärker Dichter im Allgemeinen nerven.

S Vergleiche die deutsche Übersetzung mit dem lateinischen Original. Gib an, wo sie diesem sehr nahe folgt bzw. wo sie deutlich von ihm abweicht.

T 1 Versuche herauszufinden, in welcher Beziehung zu Phädrus der im Epilog genannte Particulo stehen könnte.

T 2 Was wirft Phädrus anderen Dichtern vor? Diskutiert, ob auch ihr (für das Fach Deutsch bzw. für das Leben) aus diesem Vorwurf etwas lernen könnt.

Damit will ich mich nun aber wirklich von euch verabschieden. Falls ihr immer noch Lust auf Fabeln habt, möchte ich euch einladen, zunächst auf S. 48 eine letzte Fabel (auf Deutsch) zu lesen. Ihr könnt jedoch auch eine oder mehrere meiner Geschichten nachspielen. Bildet dazu Gruppen, sucht eine Fabel aus, die euch gefällt, und los geht's!

Spezialwortschatz

Die Wortschatzauswahl basiert auf der Untersuchung des „Bamberger Wortschatzes". Die in der Wortkunde adeo-NORM enthaltenen 1248 Vokabeln werden als bekannt vorausgesetzt. Der folgende Spezialwortschatz ist dem Ergänzungswortschatz zu Phädrus bzw. zu den anderen üblichen Schulautoren gemäß adeo-Plus entnommen. Im jeweiligen Spezialwortschatz angeführte Vokabeln werden für die nachfolgenden Texte als bekannt vorausgesetzt. Damit bei Auslassung einzelner Fabeln trotzdem keine Vokabeln für die Übersetzung der jeweiligen Fabel fehlen, sind in blauer Schrift bereits in vorangegangenen Fabeln angeführte Vokabeln zur Wiederholung bzw. als Nachtrag gesammelt.

1 Wolf und Lamm

lupus	Wolf	
agnus / agna	Lamm	
rīvus	Bach	*e. river*
sitis, *sitis* f.	Durst	
longē (Adv.)	weit; lang	*longus*
faux, *faucis* f.	Hals, Kehle	
latrō, *latrōnis* m.	Räuber	
incitāre	antreiben	
contrā (Adv.)	hingegen; dagegen	
quaesō	bitte	
liquor, *ōris* m.	Wasser	*Likör*
vēritās, *ātis* f.	Wahrheit	*vērus*
lacerāre	zerreißen	

2 Wolf und Kranich

faux, *faucis* f.	Hals, Kehle	
lupus	Wolf	
meritum	Verdienst; Gefälligkeit	*Meriten*
bis (Adv.)	zweimal	
adiuvāre, *-iuvō*, *-iūvī*, *-iūtum* (m. Akk.)	helfen, unterstützen	*iuvāre*
impūne (Adv.)	ungestraft	*poena*
os, *ossis* n.	Knochen	
iūs iūrandum	Eid, Schwur	
gruis, *gruis* f.	Kranich	
longitūdō, *inis* f.	Länge	*longus*
perīculōsus	gefährlich	*perīculum*
medicīna	Heilkunst; Heilmittel, Medizin	

3 Wolf und Fuchs

lupus	Wolf	
vulpēs, *vulpis* f.	Fuchs	
fraus, *fraudis* f.	Betrug, List	*e. fraud*
semel (Adv.)	einmal	
vērum	Wahrheit	*vērus*
fertur (m. NcI)	man erzählt, dass	

4 Wolf und Hund

lupus	Wolf	
longē (Adv.)	weit; lang	

quaesō	bitte	
os, *ossis* n.	Knochen	
salūtāre	begrüßen	
parātus	bereit	*parāre*
nix, *nivis* f.	Schnee, *Pl.*: Schneemassen	
imber, *imbris* m.	Regen, *Pl.*: Regenwetter	
ōtiōsus	untätig; friedlich	*ōtium*
satiāre	sättigen	*satis*
vigilāre	wachsam sein	
vagārī	sich herumtreiben	*Vagabund*
pānis, *pānis* m.	Brot	
mēnsa	Tisch	
venter, *ventris* m.	Bauch, Magen	
implēre, *-pleō, -plēvī, -plētum*	anfüllen	
fruī, *fruor* (m. Abl.)	genießen	
rēgnāre	König sein	*rēx*

5 Fuchs und Ziegenbock

vulpēs, *is* f.	Fuchs	
fraus, *fraudis* f.	Betrug, List	
liquor, *ōris* m.	Wasser	
satiāre	sättigen	
simul(ac) (Subj. m. Ind.)	sobald	
dēcidere, *-cidō, -cidī*	herab-, hinabfallen; in etw. geraten	*cadere*
dēvenīre	(herab)kommen; gelangen	*venīre*
hircus	Ziegenbock	
cōpiōsus	reich, reichlich (vorhanden)	*copia*
barbātus	bärtig; *Subst.*: Ziegenbock	
ēvādere, *-vādō, -vāsī, -vāsum*	herauskommen, entkommen	
celsus	hoch	
vadum	Gewässer, seichtes Wasser	

6 Fuchs und Traube

vulpēs, *is* f.	Fuchs	
ūva	Traube	
salīre, *saliō, saluī*	springen, hüpfen	*Salto*

7 Fuchs und Rabe

celsus	hoch	
vulpēs, *is* f.	Fuchs	
corvus	Rabe	
fenestra	Fenster	
cāseus	Käse	
penna	Feder; Flügel	*e. pen*
decus, *decoris* n.	Zierde, Glanz	*dekorieren*
āles, *alitis* f.	Vogel	
avidus	(be)gierig	*e. avid*
dēns, *dentis* m.	Zahn	*Dentist*
dēcipere, *-cipiō, -cēpī, -ceptum*	täuschen	*capere*

8 Frosch und Ochse

rāna	Frosch	
īnflāre	hineinblasen; aufblasen	*Inflation*
pellis, *pellis* f.	Haut; Fell; Pelz	*Pelle*
intendere, *-tendō, -tendī, -tentum*	anspannen; anstreben	*Intention*
indīgnārī	sich empören; sich entrüsten	*dignus*
validus	stark	*valēre*

8 Frosch und Stiere

rāna	Frosch	
longē (Adv.)	weit; lang	
palūs, *palūdis* f.	Sumpf; Morast	
taurus	Stier	
certāre	kämpfen, wetteifern	
grex, *gregis* m.	Herde	
sēparātus	getrennt; fern	*separat*
sēcrētus	entlegen; geheim	*e. secret*

9 Der Froschkönig

rāna	Frosch	
vadum	Gewässer	
vagārī	sich herumtreiben	
dēns, *dentis* m.	Zahn	
palūs, *palūdis* f.	Sumpf, Morast	
contrā (Adv.)	hingegen; dagegen	
Iūppiter, *Iovis* m.	Jupiter	
sonus	Laut, Ton	*e. sound*
pavidus	ängstlich, zitternd	
diutius (Adv.)	länger	*diū*
explōrāre	erforschen	*e. to explore*
inūtilis, *e*	unbrauchbar	*ūtilis*
fūrtim (Adv.)	heimlich	*fūr*
Mercurius	Merkur (*Götterbote*)	
mandātum	Auftrag; Befehl	*Mandat, Mandant*

10 Löwe und Esel

asinus / asellus	Esel / Eselchen	
vēnārī	auf die Jagd gehen	
admonēre	ermahnen, lehren	*e. to admonish*
fera	(wildes) Tier; Wild	*ferus*
bēstia	Tier; Raubtier	*Bestie*
mīrāculum	Wunder(ding)	*mīrus*
exitus, *ūs* m.	Ausgang; Ende	*exīre, e. exit*
fessus	müde, erschöpft	
īnsīgnis, *e*	hervorstechend; ausgezeichnet	*sīgnum*

11 Der Löwenanteil

patiēns, *entis* (m. Gen.)	etw. ertragend; empfänglich für etw.	*patī, Patient*
ovis, *ovis* f.	Schaf	
cervus	Hirsch	

dēicere, *-iciō, -iēcī, -iectum*	herabwerfen; zu Boden werfen	*iacere*
intervenīre, *-veniō, -vēnī, -ventum*	erscheinen; einschreiten	*venīre, Intervention*
reicere, *-iciō, -iēcī, -iectum*	zurückwerfen; zurücktreiben	*iacere*
modestia	Mäßigung; Bescheidenheit	*modus, moderat*
audāx, *ācis* (Adv. *audācter*)	mutig, kühn; frech, dreist	*audācia*

12 Panther und Hirten

dēcidere, *-cidō, -cidī*	herab-, hinabfallen; in etw. geraten	
pānis, *pānis* m.	Brot	
fera	(wildes) Tier; Wild	
contrā (Adv.)	hingegen; dagegen	
panthēra	Panther	
ōlim (Adv.)	einst	
miserērī (m. Gen.)	sich erbarmen, Mitleid haben	*miser*
sēcūrus	sorglos; sicher	*cūra, e. security*
domum (Adv.)	nach Hause	
līberāre (m. Abl.)	befreien (aus/von)	
mortuus	tot	*mors*
(con)citus (Adv. *citō*)	schnell	
gradus, *ūs* m.	Schritt; Stufe; Rang	*Grad*
pāstor, *ōris* m.	Hirte	
vāstāre	verwüsten	*vāstus*
saevīre	wüten, toben	*saevus*
īrātus	zornig, erzürnt	*īra*
recūsāre	zurückweisen, ablehnen	*causa*

14 Das Haus des Sokrates

quaesō	bitte	
implēre, *-pleō, -plēvī, -plētum*	anfüllen	

15 Äsop und der Dichter

quīdam, quaedam, quiddam	ein gewisser, irgendeiner, *Pl.*: einige	
scrīptum (Subst.)	Schriftwerk, Buch	*scribere, Skript*
numquid (in dir. Fragen)	etwa	
vānus	nichtig, eitel; grundlos	*e. vain*
volūmen, *inis* n.	Buch(rolle)	*volvere*

16 Die Schätze des Simonides

dīvitiae, *ārum* f. Pl.	Reichtum; Schätze	*dives*
paupertās, *ātis* f.	Armut	*pāuper*
canere, *canō, cecinī, cantātum*	singen	*Kantate*
ut aiunt	wie man sagt	
ascendere, *-scendō, -scendī, -scēnsum*	besteigen	
vetustās, *ātis* f.	Alter	*vetus*
dissolvere, *-solvō, -solvī, -solūtum*	auflösen; vernichten	*solvere*
pretiōsus	kostbar, wertvoll	*pretium*
nummī, *ōrum* m. Pl.	Geld, Vermögen	
vīctus, *ūs* m.	Lebensunterhalt; Nahrung; Lebensweise	*vivere*
cāsū (Adv.)	zufällig	*casus*

17 Brüderchen und Schwesterchen

īnsīgnis, *e*	hervorstechend; ausgezeichnet	
faciēs, *ēī* f.	Gesicht	*e. face*
speculum	(Hand)Spiegel	
lūdere, *lūdō, lūsī, lūsum*	spielen	
īnspicere, *-spiciō, -spexī, -spectum*	hineinblicken	*Inspektion*
glōriārī (m. Abl.)	sich (einer Sache) rühmen	*glōria*
iocus	Scherz, Spaß	e. *joke*
amplectī, *-plector, -plexus sum*	umarmen	
ōsculum	Kuss	
cāritās, *ātis* f.	Teuerung; Liebe	*carus*, e. *care*
partīrī, *partior, partītus sum*	teilen; aufteilen	*pars*

18 Die Witwe und der Soldat

faciēs, *ēī* f.	Gesicht	
aliquot (indekl.)	einige	
sepulcrum	Grab	
castus	rein; keusch	
crux, *crucis* f.	Kreuz	
reliquiae, *ārum* f. Pl.	Reste; Gebeine	*relinquere*
inclūdere, *-clūdō, -clūsī, -clūsum*	einschließen	*claudere, inklusive*
aliquandō (Adv.)	(irgend) einmal	
saepius (Adv.)	öfter	*saepe*
vincīre, *vinciō, vinxī, vinctum*	fesseln; umgeben	*vinculum*
expōnere, *-pōnō, -posuī, -positum*	aussetzen; darlegen	*ponere*

Literaturverzeichnis

1. Texte und Übersetzungen

ÄSOP: Fabeln, gr./dt.; Übersetzung und Anmerkungen von T. Voskuhl. Nachwort von N. Holzberg, Stuttgart 2005 (reclam).

BABRIUS AND PHAEDRUS, edited and translated by B. E. Perry, Cambridge, London [4]1990 (Loeb).

JOHANNES IRMSCHER: Sämtliche Fabeln der Antike, Köln 2006 (Anaconda Verlag).

ERWIN LEIBFRIED: Fabel. Themen – Texte – Interpretationen, hrg. von Hans Gerd Rötzer, Bamberg 1984 (C. C. Buchner).

GOTTHOLD EPHRAIM LESSING: Fabeln. Abhandlungen über die Fabel; hrg. von H. Rölleke, Stuttgart [2]1992 (Reclam).

P. OVIDIUS NASO: Fasti. Festkalender, lat. u. dt.; übers. und hrg. von Niklas Holzberg, Düsseldorf/Zürich [2]2001 (Artemis & Winkler).

PHÄDRUS: Fabeln, lat.-dt.; hrg. und übers. von Eberhard Oberg, Düsseldorf/Zürich 2002 (Artemis & Winkler).

PHAEDRUS: Liber Fabularum. Fabelbuch, lat. u. dt.; übers. von Friedrich Fr. Rückert u. O. Schönberger, hrg. u. erl. von O. Schönberger, Stuttgart 1975 (reclam).

2. Sachbücher

NIKLAS HOLZBERG: Die antike Fabel. Eine Einführung, Darmstadt 1993 (WBG).

SEVERIN KOSTER: Phaedrus. Skizze seiner Selbstauffassung, in: P. Neukam (Hrg.): Die Antike im Brennpunkt, München 1991, 59-87 (Dialog Schule – Wissenschaft. Klass. Sprachen und Literaturen, Bd. 25).

NELE MOOST: Alles meins!: Oder 10 Tricks, wie man alles kriegen kann, Esslingen 1996 (Esslinger Verlag J. F. Schreiber).

ULRICH SCHMITZER: Ovid, Hildesheim/Zürich/New York 2001 (Olms).

ANDREAS WEBER: Alles fühlt. Mensch, Natur und die Revolution der Lebenswissenschaften, Berlin 2007.

Bildnachweis: Archiv für Kunst und Geschichte / Bildarchiv Steffens, Berlin: 17; Cinetext, Frankfurt: 26, 27, 29; tiff.any GmbH, Berlin: 9, 10, 11, 13, 14, 15, 16, 19, 21, 29, 37, 39, 48, Umschlag; Verlagsarchiv.

Der Schäfer und der Unternehmensberater

Ein Schäfer hütet in einer einsamen Gegend seine Herde.
Plötzlich taucht in einer großen Staubwolke ein Jeep auf und hält direkt neben ihm.
Der Fahrer des Jeeps, ein junger Mann im Brioni-Anzug, mit Alden-Schuhen, Ray-Ban-Sonnenbrille und einer Hermes-Krawatte, steigt aus.
Er fragt ihn: „Wenn ich errate, wie viele Schafe Sie haben, bekomme ich dann eins?"
„In Ordnung", sagt der Schäfer.
Der junge Mann verbindet sein Notebook mit dem Handy, geht im Internet auf eine NASA-Seite, scannt die Gegend ab und öffnet eine Datenbank mit 60 Excel-Tabellen.
Schließlich sagt er: „Sie haben hier exakt 1586 Schafe."
Der Schäfer antwortet: „Das ist richtig, suchen Sie sich eins aus."
Der junge Mann nimmt ein Tier und lädt es in den Jeep. Der Schäfer schaut ihm zu und sagt: „Wenn ich Ihren Beruf errate, geben Sie mir das Tier dann zurück?"
Der junge Mann antwortet: „Klar, warum nicht?"
„Sie sind Unternehmensberater."
„Das ist richtig, woher wissen Sie das?"
„Sehr einfach", sagt der Schäfer.
„Erstens kommen Sie her, obwohl Sie niemand gerufen hat.
Zweitens wollen Sie ein Schaf als Bezahlung dafür, dass Sie mir etwas sagen, das ich ohnehin schon weiß.
Und drittens haben Sie keine Ahnung von dem, was ich hier mache.
Und jetzt geben Sie mir meinen Hund zurück."

T Handelt es sich bei der oben erzählten Geschichte um eine Fabel? Begründe deine Antwort.